国家出版基金项目
NATIONAL PUBLICATION FOUNDATION

"十二五"国家重点出版物出版规划项目

走向世界丛书

主编　钟叔河　曾德明　杨云辉

FROM EAST TO WEST

康有为 英国游记

刘无羡　蔡志斌　校点

岳麓書社·长沙

本册总目□

丛书新序

钟叔河

二〇一三年十月

“走向世界丛书”一百种，只收晚清时期 from east to west（从东方到西方）的记述，这并不等于说，只有十九世纪末二十世纪初的中国人，才需要面对走向世界的问题。

纵观人类历史，走向世界决不是什么地区性和阶段性的活动，而是不断出现在全人类发展进步过程中并与之同步的历史现象。一百万年前，人类开始从非洲进入亚洲和欧洲，一万年前，又从亚洲进入北美洲和大洋洲，就是在不断地走向世界。

从有史以来的文献、文物看，三千多年前的《奥德赛》和《出埃及记》，说的是古希腊人和以色列人走向世界——走向地中海和巴勒斯坦。两千多年前的《史记》和《汉书》，写了张骞和后来汉朝“益发使”走向世界——曾走到罗马在西亚的边陲。一千三百年前的《大秦景教流行中国碑》、七百年前的《马可·波罗游记》和四百年前的《利玛窦中国札记》，记下了阿罗本、马可·波罗、利玛窦的 from west to east，这和 from east to west 一样，都是在走向世界。

人类曾因地理、种族、制度、意识形态等原因而互相分离，甚至隔绝。夜郎国的君长初见汉使时问：“汉孰与我大?”当是时，夜郎的世界僻处黔西，其“大”可知；连夜郎都未入版图，则汉之“大”亦远不如今之中国。但人为万物之灵，为了求生存谋发展，总不能老守着自己的一亩三分地，总会要想方设法走向世界——走向更广阔的外部世界。于是，汉要“通西南夷”，要前往原来“道险终不能有”的夜郎；夜郎要问“汉孰与我大”，要想改变原来“不知汉广大”的状况。由互相隔绝变而互相接近，互求了解，这就是走向世界。

走向世界，无论是自己走出去还是让别人走进来（总比让别人杀进来好），无论是主动的还是被动的，从总的历史进程看，用大的历史眼光看，都有利于发展，都是一种进步。对汉朝来说是如此，对夜郎来说亦是如此。两千年前是如此，两千年后亦是如此。上世纪七十年代末开始编辑出版“走向世界丛书”时是如此，如今来继续编辑出版这部丛书时亦是如此。

今天的中国已不再是七十年代的中国，虽然仍称发展中国家，经济总量却早已“超英”，正在“赶美”，但走向世界的路还“漫漫其修远”。时至现代，走向世界当然是要走向现代化的世界，也就是要高度现代化，全盘现代化。“四个现代化”的“四个”——工业、农业、科技和国防，已经“化”出了很大的成绩，而我们的管理现代化，我们的服务现代化，我们的制度现代化……要走的路的确还很长。

现代人走向世界，首先要使自己成为能接受全球文明，有世界知识，有世界眼光，有世界理想的人。“走向世界丛书”杰出的作者，如郭嵩焘、黄遵宪……又如邹代钧、金绍城……他们看到的新技术还是德律风（送话器和最早的手摇电话机）、火轮车（蒸汽机车）……我们如今却已经用上了智能手机、坐上了波音飞机……但在思想层面上，我（不敢称我们）反省自己的世界眼光和世界理想，甚至在世界知识的某些方面，比起一个多世纪以前的郭、黄他们来，差距实在还不小。在这方面，也就是人的现代化这方面，要走的路就更“漫漫其修远”了。

五年前北京奥运会的成功举世公认，它已经成为中国走向世界的一大标志。它的口号：

ONE WORLD，ONE DREAM

“同一个世界，同一个梦想”，这也应该是现代人走向世界的志向和目的，是我们继续编辑出版“走向世界丛书”的志向和目的。

丛书原序

钟叔河

一九八〇年七月

人们常说，今日之世界，乃是一个“迅速缩小的世界”（rapidly shrinking world）。在电视卫星、激光通信和喷气式客机的时代，地球之上各地之间的距离，确实好像越来越短，人们相互间的接触和交流，也越来越方便和密切了。

可是，仅仅在几代人以前，异国还显得那样的离奇和遥远。古代欧洲人说，中国人用小米和青芦喂一种类似蜘蛛的昆虫，喂到第五年虫肚子胀裂开，就从里面取出丝来（Pausanias《希腊纪事》）。古代中国人则曾经相信，西方有种羊羔是从泥土里生长出来的，脐带还连着大地（《旧唐书·西戎传》、《渊鉴类函·边塞部九》）。这类海外奇谈，今天听起来简直不可思议，而在过去上千年中，却一直被当作可信的资料，记载在欧洲和中国的史书上。由此可见，人类文明的发展，经历了一条何等漫长曲折的道路。

为了探索和开辟外部世界，丰富自己的物质和精神生活，各国人民都作过许多贡献。人类文明史像叙说伟大的发明家和著作家一样，将永远铭记着张骞、玄奘、马可·波罗、哥伦布等不朽的名字。我们甚至可以这样说：一个民族从中世纪到现代的历史，也就是它打开眼界和走向世界的历史。

历史的发展从来是不平衡的。当黄河、长江已经哺育出精美辉煌的古代文化时，泰晤士、莱茵和密西西比河上的居民，还在阴暗的原始森林里徘徊。而自从地理大发现和产业革命以来，中国却相对地落后了。在西方实现资本主义的现代化以后，中国还是一个基本上同外界隔绝的古老国家。是鸦片战争打开了中国的大门，也打开了中国人的眼睛。人们称林则徐和魏源为清代最早“开眼看世界”的人，因为西方的坚船利炮打到中国来时，他们首当其冲，亲身感到这个世界在缩小，距离和壁垒再也不能将异国隔离开了。

过去时代的中国读书人，在“严夷夏之大防”

的社会里度过了上千年。封闭的外壳被打破后怎么办？守旧派的办法是把脑袋钻进沙子里学鸵鸟，像慈禧太后的大学士徐桐，见到洋人就以扇遮面。就是这个徐桐，在庚子年间焚香叩请骊山老母下凡来“杀尽洋人”，结果骊山老母没有下凡，他自己的老命却白白送掉了。而林则徐和魏源则不同，提出要“师夷长技以制夷”，主张学习外国的长处，以对付外国的侵略。要学习，先得了解，于是林则徐编了《四洲志》，魏源编了《海国图志》。虽然他们未能亲身出国去考察，书的材料靠间接采辑而来，难免有许多谬误，但无论如何，地里长羊羔之类的神话毕竟不得不逐步让位给常识了。

林、魏之后，中国才开始有读书人走出国门，到欧美日本去学习、访问和工作。容闳、王韬、郭嵩焘、黄遵宪和严复等人，要算是最早的。接着出国的人渐渐多了起来，尽管其中不少是奉派而去的政府官员，但既然去了，就不会不接触近代—现代的科学文化和政治思想，也就不可能不在中国发生影响。

“走向世界丛书”专收一九一一年前国人亲历欧美和日本的记述。自从一八四〇年鸦片战争失败那时起，先进的中国人，经过千辛万苦，向西方国家寻找真理。应该说康有为和在他之前的郭嵩焘、王韬、容闳等人，的确代表了近代中国向西方寻找真理的一派人物。当然，丛书所收的，也并不全属先进的人物的作品；但总而言之这些都是中国人从东方走向西方的实录，自有其文化的意义和历史的价值。

必须指出的是：从鸦片战争到五四运动这一历史时期中，西方国家虽在许多方面比中国先进，值得中国人学习，但国家利己主义的本质，却总是要压迫剥削比他们落后的民族的。中国人走向世界、接触西方，既有一个学习外国长处的问题，又有一个抵抗外国侵略的问题，盲目排外和盲目崇外都是错误的。对于某些作品中不免流露的这类观点，我们将在为各书撰写的叙论中，适当地作些分析，供读者参考。

“洋为中用”是我们今天的主张，也是十九世纪先进的中国人的主张。“师夷长技以制夷”，不就是“洋为中用”吗？当然，随着接触和认识的逐步深入，人们慢慢地看出：仅仅学一点“长技”，搞一点坚船利炮，还是不行的；要救国，只有维新，维新行不通，就只有革命。伟大的革命先行者孙中山，用他自己的话来说，也是在一八七八年出国以后，“始见轮舟之奇、沧海之阔，自是有慕西学之心，穷天地之想”，才树立了推翻清朝建立民国的大志和信心。历史无情亦有情，后人的思想和事业肯定要超越前人，但前人的足迹总可以留作后人借鉴，先行者总是值得纪念的。

今天的世界已不是十九世纪的世界，今天的中国更不是清朝末年的中国。今日之中国，已经逐渐以现代的面貌，出现在世界的东方。但是，世界的进步越来越快，中国的经济和文化等许多方面还需要不断地发展和提高；这就必需继续打开眼界、走向世界。打开眼界以后，还要学会分析，分清好的和坏的。一切好的东西，要拿来为我所用；一切有害的东西，要实行抵制和预防。在这方面，前人的经验和教训，有一些也仍然值得我们注意。

谨将这套丛书奉献给爱好历史和文化、关心中国和世界的读者，希望它能在中国现代化的过程中，起到一点微薄的作用，是为序。

丛书凡例□

一、“走向世界丛书”一九八六年前已刊三十五种，二〇一五年起仍按原定一百种的计划继续刊行，仍然专收现代以前用文言写作的国人考察西方（含开国后的日本）的记述，仍以亲身经历、直接闻见者为限。

二、丛书按作者出国年月排列次序，尽量单行，即以一种为一册；字数过少无法单行者，才以两种或数种合订成册。合订本尽可能以类相从，按第一种出国年月排序；其各种均在封面列出书名，书脊则只列出第一种书名，并在其下注明“等几种”（另有附录者则注明“附几种”）。

三、每种（册）书前，均由编校者撰写导言（叙论），介绍作者有关背景和书中重要内容，酌加评论分析，以供读者参考。

四、丛书均经编校者校订，标点分段，并加边批。边批的内容主要包括三个方面，兹以《随使德国记》为例，举示如下：

1. 标题、提要和说明，如“星使由苏州来”、“普鲁士分一十二省”、“演八十日环游地球的故事”、“如夫人即赛金花”、“‘人工’今皆称工人”。

2. 书中较重要的译名（加括弧注出原文或今译），如“德璀琳（Detring）”、“毕驷马（俾斯麦）”、“布莱门（不来梅）”、“德利风（电话）”。

3. 原文的订正和存疑，如“‘公司船’原无船字”、“‘骁勇’原作‘骑勇’”、“‘薛福成’成字原作辰”、“奥京立斯本应是维也纳”。

五、每种书后，均附人名索引，人名依首字笔画和一丨丿丶乚排列，按年、月、日三节数字查检（正文单页码下均有年、月、日三节数字备查）。如德璀琳之“德”字为十五画，于索引“十五画”内检得其名下首列“13，8，17”，查正文“13，8，17”在P.3下，即可在P.3上找到

（光绪十三年八月）十七日“乘肩舆往拜税务司德璀琳”的记载。

六、每种书后，一般附有译名简释（今昔译名对照，必要时并加说明），亦依首字笔画和一丨丿丶乚排列。如“卜兰墩浦 Brandenburg，勃兰登堡”，又如“勺勾腊 chocolate，巧克力”。

七、人名索引和译名简释的条目，并不限于边批中所举者；边批中所举者，则必皆收入索引和简释。

八、人名索引按年、月、日三节数字查检，其原书不著年、月、日者，则按篇章序号或页码查检。

九、原文因排印（抄写）而出现的明显的文字错误径予改正，不在边批中注出。

十、原文中同一外国地名而译文不一，如缪祐孙《俄游汇编》中“彼得堡”就有“比得堡”“彼德堡”等异文，因其无碍阅读，故一仍其旧，不予统一。

十一、原文中之统计数字亦一仍其旧。有的表格中之中文或汉码数字，为方便阅读，改为阿拉伯数字。个别已经失去时效、并无参考价值的统计表格，则在说明情况后删去。

十二、丛书以简体汉字印行。除总序、凡例外，编校者所作导言（叙论）、边批、索引中涉及的数字均按现行规定采用阿拉伯数字。

叙论：康有为的英国游记□

刘无美

康有为游踪

光绪二十四年八月初六（1898 年 9 月 21 日），大清王朝真正的当家人慈禧太后发动政变，囚禁光绪皇帝，重掌大权。同时，京师军士四出，捕杀维新党人。康有为、梁启超成功逃脱，不愿逃、来不及逃的谭嗣同、杨锐等“戊戌六君子”，于几天后，未经审理，直接被斩首于菜市口，维新派官员尽数罢黜，维新运动几乎彻底失败。

根据康有为游记、《康南海自编年谱》以及康氏次女康同璧（字文佩）所撰《南海康先生年谱续编》等史料，不难勾勒出康有为逃生后流亡海外的路线图。（以下称引此二书分别省称《年谱》及《年谱续编》）

政变前一天，康有为乘火车到天津，次日乘英国太古公司轮船“重庆号”前往上海，经九死一生，在英国人的保护和接应下，于十四日到达香港。维新派另一领袖梁启超则在政变当天躲入日本使馆，后乘日舰逃亡日本。康有为亦于九月五日东渡日本，从此，师徒二人开始了十馀年的流亡生涯。

康有为先是在日本旅居数月，但清廷向日本政府施加压力，迫使康有为离日。康有为于是渡太平洋到达加拿大维多利亚港，赴温哥华。光绪二十五年（1899）四月，渡大西洋至伦敦，试图寻求英国政府支持他营救光绪帝，推翻慈禧太后政权，实行立宪。未果，于次月返回加拿大。这是康有为第一次到欧洲。九月，他假道日本回香港探视病母。

二十六年（1900）正月，康有为旅居新加坡，后迁居槟榔屿，于十月底往游印度，居大吉岭三年。光绪二十九年（1903）四月，出印度，漫游缅甸、爪哇。于三十年（1904）正月，还香港省母。二月，再游海外，过安南、游暹罗，至锡兰，入红海，于四月底五月初到苏伊士运河，赴意大利。然后游览法国、瑞士、德国、奥地利、匈牙利，然后返回巴黎，赴英国小住，游丹麦。七月，赴挪威、瑞典，八月还丹麦，游柏林，往比利时，赴荷兰。二十日，返回英国。这是康有为第二次到欧洲。九月底，乘船赴加拿大。

三十一年（1905）正月，赴美国，“一年以来，巡览美国殆遍”。十一月，离美往游墨西哥。

三十二年（1906）六月，渡大西洋，第三次游欧洲。“无一日不在游中，自谓鸿飞冥冥，扶摇九万，直入于寥天矣”。（《年谱续编》，第60页。）七月，游意大利、德国、瑞典、瑞士，“自是即以瑞典为固定地”，“漫游欧土”。十一月，再游德国（《年谱续编》，第68页。）。十二月，游荷兰、比利时、法国、摩纳哥等国。三十三年（1907）正月，游西班牙、葡萄牙，经法国到英国。二月，渡大西洋至纽约。十月，再游巴黎，赴土耳其，第三次游瑞士，再游奥地利。三十四年（1908）二月，往游埃及。四月，再游德国、奥地利。五月，游挪威。六月，游览东欧匈牙利、塞尔维亚、罗马尼亚等国。月底抵土耳其，七月初往雅典，游希腊。然后“再穿瑞士山，假道地中海泛大西洋，还槟榔屿”。九月，到达槟榔屿。

宣统元年（1909）正月，自槟榔屿启程，第四次赴欧洲。经红海，游埃及、巴勒斯坦。三月至瑞士，四月至英国，五月赴加拿大。六月，再一次返回欧洲，过苏伊士运河到锡兰。七月，重返槟榔屿。九月，再游印度。冬，仍居槟榔屿。这一年，康有为五十二岁。

常年的流亡令人疲惫，加之年事渐高，康有为“寄梁启超诗，有‘大地辙环吾倦矣，扶桑日出汝凄其’之句”。“从此心怀故国，不复再作远游矣”。（《年谱续编》，第87页。）此后这半年，除了偶尔回香港探视老母外，康有为在南洋居住。

宣统二年（1910）五月，康有为去日本，生活了三年，直到民国二年（1913）十月归香港奔母丧。十一月扶榇归葬广州南海故里，从此结束了奔波海外十六年的漫长生涯。

康有为游记概况

康有为在流亡过程中心怀故国，往往对所到国家的地理、政治、风俗、历史等详加考察，撰写游记，攻他山之石，探索救国之道。康同璧在《年谱续编·序》中写道：

> 自戊戌以后，足迹所至，则三周大地，游遍四洲，历三十馀国，行六十万里，其考察着重于各国政治风俗，及其历史变迁得失，其次则文物古迹，凡关乎掌故者，无不考核研究，摩挲殆遍。

康氏出游十六载，“游遍四洲，历三十馀国，行六十万里”，皆有笔录。光绪三十年（1904）九月底结束第二次欧游，抵达加拿大后，康有为便撰写《欧洲十一国游记》。他在《序言》中把自己比喻成厨师，以游记供国人“坐食”；又比喻成画工，请同胞们在他的游记中游览。

康氏当时编定十一国游记：意大利、瑞士、奥地利、法兰西、匈牙利、德意志、丹麦、瑞典、比利时、荷兰、英吉利，印行者仅意大利、法兰西，分别出版于光绪三十一年（1905）、三十三年（1907）。后来《不忍》杂志刊登了突厥游记、欧东阿连五国游记、补德国游记、满的加罗游记。

1979年，康氏弟子蒋贵麟将上述已刊游记连同《印度游记》合编为《康南海先生游记汇编》，由台湾文史哲出版社出版。1986年，岳麓书社“走向世界丛书”收入了《法兰西游记》《意大利游记》的点校本。

1961年，康有为家属康同凝、康宝庄、康保娥将家藏康有为遗稿、函札、图书等件捐赠给上海市文物保管委员会，其中有不少康氏未刊手稿。1995年，上海市文物保管委员会将缅甸、巫来由、暹罗、丹麦、英国、补英国、瑞士、荷兰、德国、奥地利、比利时、补比利时、瑞典、西班牙、葡萄牙、挪威、补法国、匈牙利、罗马尼亚等康氏未刊游记手稿，连同印度、法国、满的加罗、塞尔维亚、突厥、补德国游记诸种已刊游记，裒为一编，名为《康有为遗稿·列国游记》，交上海人民出版社出版。

2004年，北京图书馆出版社出版了《康有为牛津剑桥大学游记手稿》。2007年，中国人民大学出版社出版《康有为全集》，除将上述游记悉数纳入外，还收入若干康有为会见英国学者、访问英国中小学的会见记和参观记。以上便是康有为游记的出版简况。本次“走向世界丛书”（续编）收录康有为英国游记、德意志等国游记、西班牙等国游记三种，充分利用了前人的劳动成果。正是因为一代代学人、出版人的工作在前，才使我们今天的工作变得相对容易。

本次出版康氏三种游记，仍然把光绪三十年（1904）康有为写的《欧洲十一国游记序》放在每书前面，虽然当时康有为的游览足迹还未到达土耳其、西班牙、葡萄牙以及中美洲等地，但该序言可以说是康氏所有游记的一个纲领性文献。他写道：

> 夫中国之圆首方足，以四五万万计。才哲如林，而闭处内地，不能穷天地之大观。若我之游踪者，殆未有焉。……天其或哀中国之病，而思有以药而寿之耶？……则必择一耐苦不死之神农，使之遍尝百草，而后神方大药可成，而沉疴乃可起耶？

无论是变法时期还是失败后逃亡时期，康有为自视甚高，有儒家的担当精神和孟子当仁不让、舍我其谁的气概。他以神农自许，其漫游四海的过程，是为治中国积贫积弱之病而寻医找药的过程。当然，他找的药是不是对症，则另当别论了。

英国游记

康有为、梁启超等维新派对英国素有好感，希冀在中国建立起类似英国的君主立宪政体。他们提出了联英拒俄的外交主张，因此也颇得英国政府的好感。英人在其变法失败逃亡时给予帮助，后来又礼遇有加。康有为第一次赴英国是在光绪二十五年（1899）也就是政变后一年的四月，寻求英国政府的支持，后来又多次旅英。

康有为第一次欧游是从加拿大出发的，附录的两篇加拿大游记作于光绪二十五年（1899）。此外，除《补英国游记》作于宣统元年（1909）外，本书其他英国的游记均作于光绪三十年（1904），这一年，康有为环游欧洲十一国。

康有为的英国游记内容丰富，总的游记就有两篇，《补英国游记》是在初稿丢失后有感于“英者为宪法之先河，而欧土先创文明之大国也，其政俗所影响于大地者甚大”，从而“补记其有关系之大者”，可见其重视程度。（《补英国游记》）此外，访问牛津、剑桥以及其他大学、小学，还有单独的参观记。康有为详细记载了他访问参观议院、公园、博物院、地质院、画院、教堂、陵墓、剧院、铁厂、船厂、学校的观感，钦佩英国的强大，羡慕其政美俗良，同时也在思考原因。

他认为英国“能创立民权、宪法之美，汽机、物质之学，及一切政治之美者，皆岛国绝海为之也”。（《英国游记》）相对于欧洲大陆，英国是独立的岛国，受大陆的影响较小。大陆国家强大的时候，因海峡的阻隔，对英国形成不了太大的军事压力，外来战争较少。“故英政压制不深，而英民生存稍易”，“小国寡民，人数百万，则君不甚尊，民不甚贱”，于是百姓与君主“争自有之权利”，“岛国从容自治”。而当大陆战乱频仍的时候，“德、法之名士、名匠、大商、富家皆走避于英”，而英国大加网罗，财用日盛，工艺日盛。

康有为还分析了同为岛国的马达加斯加、吕宋、澳洲、古巴等国，“不能致政化、学艺之美如英”的原因。首先，这些岛国大多处于热带地区，“民皆蠢愚”，而且去大陆文明太远，“无从濡染以启发其智慧”。至于日本，虽然濡染于中国的政治、儒学，但“中国统一无争，故日本无自大受其利”，而且日本离中国的距离太远，不像英吉利海峡才八十里宽，便于英国输入大陆文明。

康有为在英国还遇见了一个“中国通”，时任剑桥大学华文总教习的斋路士。此人曾任汉口领事，在中国生活了二十年，能熟练使用汉语，康氏称他为“欧人之精熟华学第一人”。斋路士与康有为谈论中国文化，“盛称中国文明及诗文之美”，邀请康氏游览剑桥大学。康氏写了一篇三万多字的《会见记》，借游记抒发自己参观各国学校的感想，阐述自己对中国教育体制的思考。此文实际上是康氏改革教育制度的一个总方案，为中国教育开列药方。他写道：“吾既遍游各国之大学，粗能知其短长而求其美善。返观吾国而病乃现露，其药方亦略可得而订定焉。”

首先，力除八股，改订学科。康氏对八股取士的弊端看得很清楚，“此鄙人之所以恨极，而首请于上力除之也”。八股虽废，“各科已分，宿病已除，补药已服”，但还需要改进。中国“新定学制最奇谬而可笑者，莫若以国为大学、省为高等学、府为中学、县为小学之名目”，以地域而不是以“学科程度”来划分学校的等级，“剧毒最甚，当立治也”。此外，放开对学额的人为限制，扩大学生数量，尽可能多地造就人才。还要发扬重士传统，结合本国情况，不盲目效法外国。对考中学校的士人，不能像科举时代一样授以官职。取士与授官，是两回事。此外，康有为还针对欧洲女子大学不授予学位的情况，提倡学习美国的男女平等思想，给予女学生学位。

康有为还论述了办大学和高等专门学习的资格，强调要分科目、延教师、学外语，要有博物院、图书馆、办学仪器，以广开民智、培养人才。

康有为虽然服膺西学，但保有着强烈的民族自信心和自豪感，认为中国的落后只是近百年的事情，而中国文明有数千年的历史，“今吾国若将变而从欧美，不待三十年可期必至”。作为维新派的领袖，他坚决反对崇洋媚外，强调要自强自立。他写道：“乃吾国人今但以欧美一日之富强，不加考察想像，视人如帝天，自视为野蛮，则其奇愚孰甚焉！”

康有为对英国的记载十分详细，有的还很有画面感。比如他写伦敦的天气和环境问题：“天气常黯然，少有晴光，英人即喜而相告，盖以为难得。少出伦敦十多馀里，即天朗气清。其于卫生真非所宜哉！”伦敦空气污染曾经如此严重，今人是很难想象的。“后重还英伦，当秋九月。伦敦大雾，对面不能相见，自房室至市道，白昼然灯。恶气蒸人，人皆左咳，吾亦患焉……服官于伦敦者，其苦亦甚矣。”康有为在国外看到任何事物，都习惯同本国进行联系。他亲身体验到伦敦的环境问题极其严重，中国应该引以为鉴，不要在老城里面发展工业，以免过度拥挤，造成污染。他写道：

吾国从兹变法，明逆后事，乃可以新国治之，不可苟且图存旧城也。宜划城外地为新市邑，开马道汽车以诱致吾民。……居民者之有远图，而伦敦亦可为鉴矣。

康有为“是中国近代史上到过世界各地最多，接触世界各国人物最多的超级旅行家”，(马红林：《康有为评传》，南京大学出版社，2007 年版，第 72 页。) 他的游记包罗万象，既有对所游地方的详细记载，又有自己心系故国的救亡图存的思考，他常常借游记抒发自己的思想。他的这些思想有些在当时就是行不通的，有些当时可行，现在过时了。但通过这些文献，我们可以窥见当时的欧美社会的情况，以及康有为这样一位伟大的旅行家、爱国者走向世界的心路历程。

康有为英国游记□

光绪二十五年四月	自加拿大渡大西洋至伦敦
光绪三十年六月七日	自法国巴黎往英国伦敦
光绪三十年八月二十四日	乘汽车往游英格兰
光绪三十年九月初一日	还游伦敦
光绪三十年九月二十四日	自利物浦往加拿大

□ 底稿详见各篇
□ 刘无羡　蔡志斌编校

康有为英国游记目录

欧洲十一国游记序

此篇作于 1904 年 12 月 22 日，据《欧洲十一国游记》第一编，上海广智书局 1905 年排印本。

将尽大地万国之山川、国土、政教、艺俗、文物，而尽揽掬之，采别之，掇吸之，岂非凡人之所同愿哉？于大地之中，其尤文明之国土十数，凡其政教、艺俗、文物之都丽郁美，尽揽掬而采别、掇吸之，又淘其粗恶而荐其英华焉，岂非人之尤所同愿耶？然史弼之征爪哇也，误以为二十五万里。元卓术太子之入钦察也，马行三年，乃至。博望凿空。玄奘西游。当道路未通、汽机未出之世，山海阻深，岁月澶漫。以大地之无涯而人力之短薄也。虽哥仑布、墨志领、岌顿曲之远志毅力，而足迹所探游者，亦有限矣。然则欲揽掬大地也，孰从而揽之？故夫人之生也，视其遇也。芸芸众生，阅亿万年，遇野蛮种族部落交争之世，居僻乡穷山之地，足迹不出百数十里者，盖皆是矣。进而生万里文明之大国，而舟车不通，亦无由睹大九洲而游瀛海。吾华诸先哲，盖皆遗恨于是，则虽聪明卓绝，亦

尽万国之政教艺俗文物而揽掬采吸之

墨志领（麦哲伦）

为区域所限。

康有为所生的时代

英帝印度之岁，南海康有为以生，在意王统一之前三年，德、法战之前十二年也，所遇何时哉？汽船也，汽车也，电线也，之三者，缩大地、促交通之神具也。汽船成于我生之前五十年，汽车成于我生之前三十年，电线成于我生之前十年，而万物变化之祖为瓦特之机器，亦不过先我生八十年。凡欧美之新文明具，皆发于我生百年内外耳。萃大地百年之英灵，竭哲巧万亿之心精，奔走荟萃，发扬飞鸣，滂礴浩瀚，积极光晶，汇百千万亿之泉流而成江河湖海，以注于康有为之生世，大陈设以供养之，俾康有为肆其雄心，纵其足迹，穷其目力，供其广长之舌，大饕餮而吸饮焉！

七年以来汗漫四海

自四十年前，既揽掬华夏数千年之所有，七年以来，汗漫四海，东自日本、美洲，南自安南、暹罗、柔佛、吉德、霹雳、吉冷、爪哇、缅甸、哲孟雄、印度、锡兰，西自阿剌伯、埃及、意大利、瑞士、澳地利、匈牙利、丹麦、瑞典、荷兰、比利时、德意志、法兰西、英吉利，环周而复至美。嗟乎！康有为虽爱博好奇，探赜研精，而何能穷极大地之奇珍绝胜，置之眼底足下，揽之怀抱若此哉！缩地之神具，文明之新制，不自我先，不自我后，特制竭作以效劳贡媚于我。我幸不贵不贱，无所不入，无所不睹，俾我之耳目闻见，有以远轶于古之圣哲人，天之厚我乎，何其至也！

夫中国之圆首方足，以五万万计，才哲如林，而闭处内地，不能穷天地之大观。若我之游踪者，殆未有焉。而独生康有为于不先不后之时，不贵不贱之地，巧纵其足迹、目力、心思，使遍大地，岂有所私而得天幸哉？天其或哀中国之病，而思有以药而寿之耶？其将令其揽万国之华实，考其性质色味，别其良楛，察其宜否，制以为方，采以为药，使中国服食之而不误于医耶？则必择一耐苦不死之神农，使之遍尝百草，而后神方大药可成，而沉疴乃可起耶？则是天纵之远游者，乃天责之大任，则又既惶既恐，以忧以惧，虑其弱而不胜也。虽然，天既强使之为先觉以任斯民矣，虽不能胜，亦二十年来昼夜负而戴之矣。万木森森，百果具繁，左捋右撷，大嚼横吞，其安能不别良楛，察宜否，审方制药，以馈于我四万万同胞哉！方病之殷，当群医杂沓之时，我国民分甘而同味焉，其可以起死回生，补精益气，以延年增寿乎？吾之谓然，人其不然耶？其果然耶？

哀中国之病思有以药而寿之

吾于欧也，尚有俄罗斯、突厥、波斯、西班牙、葡萄牙未至也；于美也，则中南美洲未窥；而非洲未入焉；其大岛，若澳洲、古巴、檀香山、小吕宋、苏禄、文莱未过。则吾于大地之药草尚未尽尝，而制方岂能谓其不谬耶？抑或恶劣之医书可以不读，或不龟手之药可以治宋国，而犹有待于遍游耶？康有为曰：吾犹待于后遍游以毕吾医业。今欧洲十一国游既毕，不敢自私，先疏记其略，以请同胞分尝一脔焉。吾为厨人而同胞坐食之，吾为画工而同胞游览焉，其亦不弃诸？

以请同胞分尝一脔

孔子生二千四百五十六年，即光绪三十年冬至，康有为记于美洲北太平洋域多利之文岛故居寥天室。

英国游记此篇作于 1904 年，据上海博物馆藏手稿。

抵伦敦

自巴黎往伦敦

六月七日，自法之巴黎往伦敦。三时乘汽车行，七时渡衣袖海，乘汽舟颇小，暗浪汹汹，游客多晕。两国对岸，海边小山相接，炮垒相属，灯火相望，而英、法两界划分千年不能混一，惟此海之故。此海相隔八十里，汽船一时可渡，有若雷、琼之间耳。而英国恃此洪波，凭对大陆，自为国土政俗，大陆诸国无奈之何。虽以拿破仑之雄志吞欧土，而以海军联合丹墨，凡二十馀舰，一败于鼐尔孙后，海军扫地而尽。拿破仑乃出封锁英货之法，而不能少损英之分毫。卒之，鼐尔孙寻之于埃及，威灵顿扰之于西班牙，终乃擒之于滑铁卢焉。若英不立国于海上，无此海以限隔，与大陆相连，或相去不远，则未必能练此雄劲之海军。

无衣袖海拿破仑据英伦三岛而奴属已久

夫以拿翁之雄才，再灭意而三入奥，西吞班、葡而北咽日耳曼，以俄之大且远，犹提百万兵蹂躏之，矧英之至小而至近者哉！借非此海，拿翁之大蹲英伦三岛而奴属之久矣。欧洲既无强英之频挫其锋，频扰其属，频牵其臂，则拿必成功于俄，而全灭欧土。当是时也，英之汽机日出，汽船亦成，拿破仑乃凭借奖借而用之。夫以亚历山大之才，年不三十，而兵及印度。况拿破仑挟全欧之势，既灭奥后，即可西取突厥、波斯，而印度本法所经营，英既不保，取携更易。欧亚既并，轮舰飞驰，不十年可以千万大兵，千艘汽舰，压于我国，则吾数千年之文明种族将为印度，而大地将归并于法，拿翁将为全球之秦始皇矣。有此数十里之海，拿翁遂不能飞渡，蕞尔岛国之英得以独立，而吾中国即赖以保全，地球赖以不吞并。则此衣袖海也，天堑显设，以限陆海，岂徒英赖之，地球各国赖之，吾国赖之。凭船阑览眺，波浪汹涌，灯火苍茫，追思鼐尔孙拥旌旗破法舰之威灵，吾种族犹在帡幪之下，既感既兴，溯下风而惊叹不置也。试问吾国僻在远东，风马不及，闭关自乐，岂知幸不灭亡者，乃赖数万里外区区之衣袖海哉！

民权立宪物质汽机政俗之美多出于英

尝论今民权立宪之制，物质汽机之学，乃至无量政治之法，多出于英，为大地万国师。而英政俗之美，国力之厚，远包印度、澳大利亚，近举美洲，属地数十，旌旗随日月出入，其气象之伟大，为地球古今所未有。谓欧人明锐勇猛，则欧之为国十数，何独英擅其胜？谓近海者能练海军而辟新地，则班、葡、荷兰先英而有美洲及南洋，即法亦肆力于美洲及印度而先得之，何以大利独归于英？谓英为条顿种族，最能自治，最得自立，则日耳曼、奥、德、瑞士、荷兰皆出于条顿种族，即法兰西之兴，亦皆法兰克之馀，同为沙立曼之裔民，其后种族亦多杂揉矣，即丹、瑞亦皆选主欧盟疆场之间，一彼一此，种族亦多杂揉，何莫非条顿之馀枝？政俗略同，风习无异，何独英为最能自治、最得民权、最先创宪法、最先创物质汽机哉？此亦今论政化学之第一疑问矣。

又拿破仑封锁大陆，英货不流，虽有西班牙时时盗买，亦有限矣。英既困穷，而是时人民仅千万计，壮夫不过一二百万耳。虽任农、工、商，何能自养？以之充兵，何能立国？且连岁兴戎，用兵不戢，而乃财政优游，兵力绰绰，以抗将混一欧土之拿破仑，障百川而东之，为全欧之保障，岂不异哉？运何财力而能致是，此又论政化学之最难疑问也。

财政兵力为全欧之保障

昧昧我思，窃以英之能创立民权、宪法之美，汽机、物质之学，及一切政治之美者，皆岛国绝海为之也。欧洲民智之颖出、国土之分峙，既赖地中海、波罗的海之港汊分歧，山岭错杂，险阻可恃，故竞智斗力，混并为难。罗马未北，沙立曼不东，盖全欧实未有混一之者也。及千年以来，封建百裂，殆几散为千数百国。虽其先佛兰克之立法不善致然，而地势实有以致之。侯国既多，国小力薄，无一若吾国之万里泱泱者。于是积孕而生市府之国，若意

地势致一切政治之美

之斐尼士、佛罗炼士，德之汉堡等，纷纷出现矣。是时方当黑暗之世，人皆不学，非有闻于希腊之风而慕之，乃积演自然之势而成之也。然则民权之产，乃欧洲海港汉丫、立国纷多之所致，非英能自产之。惟英能保守延长之，而成立宪议院之法耳。

英赖岛陆之势

夫同列欧土，同出条顿，何以英独能保守延长其民权而产生宪法、议院，而他国不能者，何哉？则岛陆之势异故也。且同列欧土，同出条顿，同有民智，何以物质、汽机、哲理之学皆先产于英，学校亦先开于英，而他国不能者，何哉？则亦岛陆之势故也。

强国必以专制治民

商鞅以刻酷治民秦强并六国

今且不论欧土他国，先以条顿正种之日耳曼论之。普之强其国也，非布烈大王纯以专制治其民而世济其法，故至今德人之服从性甚至，而奥、法可勿论也。盖大陆诸国角立，岁役兵车，不日不月，无时不争。讲兵事者不专制，则威令不行而战功不立，故兵争之国政制尚严。商君以刻酷治秦民，而秦遂以强并六国，盖严则易使易奉令也。且方多外争，必无暇于内讧，必当上下辑睦，势也。若使听民权之自由，则岂能率之以日事战争也？故大陆诸国，迫于生存竞争而致然也。惟英远在海外，与大陆不接壤，陆国大治，非兵舰不能以一矢加遗。英之君民从容酣嬉，苟非好事者登大陆而竞争，则几可闭关卧守。故英政压制不深，而英民生存稍易。外争既寡，内讧自兴，而又小国寡民，人数百万，则君不甚尊，民不甚贱，旁观市府民政之激刺于耳目，于是与君争自有之权利。此自然之势，非英民有何特别之质也。进步、保守之议院，岛国从容自治。故约翰、显理之宪章，为市府自保之馀波也；楂理士舌士之见杀逐，无外兵之入，而事内讧之发生也。咽活、显理、以利沙白之先兴学，倍根、陆克、边沁、弥儿、奈端、华忒之先出，无外兵之犯，而君民得以从容文事、治器、兴艺、变法改良也。

中国文学工艺之美皆在汉唐宋

夫凡兴文学、工艺，必赖太平雍容，积暇穷究，而后能为之。中国文学、工艺之美，皆在汉、唐、宋之盛时，若北朝及金、元之频经丧乱，则校舍皆废，周礼不可得，雅乐不可闻，而民生苟且，不复精治器艺矣。即日耳曼三十年之争，与法国革命之乱，农、工、商皆尽废，田野荒芜，人民流离，尚何暇兴学研理、校美艺、治良器哉？且英以海外绝岛，易于避乱。故每当大陆之兵争大乱，德、法之名士、名匠、大商、富家皆走避于英，受廛为氓，英乃大开网罗而受之。名士多，故学日以智；名匠来，故艺日以精；大商富家麇集，故财用日以丰盛。是故英之政学工艺盛者，乃大陆之频战力争有以为之，渊驱鱼而丛驱雀也。

然则英之渊、丛所以独成于欧土者，以岛国绝海而致然也。英既以岛为国，立国于海，自必以创治海军为命，而又坐受列国之人才财富，因从容内奖艺学，以张大其实力。其地势内力，有攻人而不攻于人，有制人而不制于人，较班、葡、荷、丹之时时见攻于人者异。故出其馀力以收班、葡、荷之所有，因以内御欧陆诸大国，而外日扩

英之政俗民权皆成于自然非有意更张

其殖民之域。海王之大势既成，则虽以拿破仑之强霸，可独抗而生擒之。故英之政法、学俗、民权、议院皆成于自然，非有意更张、有所响慕而为之。以其出于自然，故施之民情至顺，措之事势至当，较之列国有意更张或不适宜者，自为事善也。故英之政化、学艺为大地师、为万国冠者，皆以岛国立于海外致然也。

日本濡染中国政治儒学而大受其利

夫马达加斯加、爪哇、吕宋、澳洲、古巴皆岛国也，地皆与英等也，而不能致政化、学艺之美如英，何也？夫是数岛者，生于热带，民皆蠢愚。既无从比较于英矣，且去大陆文明太远，民天生于岛中，地小而文明不开，无从濡染以启发其智慧。古巴开辟日浅，皆不能与英比也。若夫近印度之锡兰，传印之佛教矣，而印以太热，民性惰而不能自张，况锡兰乎？近中国之日本，亦濡染于中国之政治、儒学矣，而中国一统无争，故日本无自大受其利；且渤海之隔，日本与中国相距三千里，岂若欧土文明大启，列国日争。而此衣袖海之隔也，仅八十里，英国借其近大陆也，以输入文明；借海以限隔大陆也，得以保全优养。然则是衣袖海也，天之生是，使独使其依于欧土而隔于欧土，用以诞生英之一切政化、学艺，为民权、议院一切之祖也。吾于是衣袖海也，亦挹受不尽而馨香无穷也。瞻彼沧波，望古遥集，为之惊喜无尽矣。

英当大陆封锁时，既频经兵难，又须大养海军。拿破仑欲待其内力竭毙而后击之，则英可立亡。然当拿破仑封锁大陆之时，正英大将陈兵恒河、召合群藩之日，全印度已落英手。英挟全印之珍宝产物，以运行于美洲，而输入于西班牙，以转运于大陆。故拿破仑方欲徐以待英之毙，岂知英已别辟万里之外府。其人民、土地皆与全欧相等，故其力亦适与拿翁之将混一欧土相等。英得之顺，拿得之逆，故拿卒为英擒。故英之破法海军、扰西班牙而擒拿破仑也，非三岛之英能为之也，万里之新印度为之也。向使印人不自言革命自立、裂为二百国，则英人不得印度。英不得印度，则不能久经兵难，养多数之海军以抗拿，不能不畏封锁而内毙。于是拿破仑先攻英而顽攻俄，于是英早亡而拿破仑可混一全欧，而馀威及于我国，若元之灭南宋，不费大力矣。然印度，故法所经营，为囊中物也。英若非立岛国于海上，则必不能大治海军而与法争锋，则印度为法有而非英有。然则印之革命自立以召吞灭。英之以岛国能治海军以灭印度而抗拿破仑，以保欧洲各国，而馀波分惠于吾中国，而吾数万万神明之种族赖以保全。吾百年前闭关自乐之人，孰知夫印度之亡于英而吾得以庇焉！事势回环，其理甚隐甚曲，甚奇甚大，可惊可骇。而其故皆英为岛国，有衣袖海限隔大陆以为之也。微衣袖海也，吾其为奴久矣！衣袖海乎！万国之保障乎！吾与汝隔绝数万里，孰知汝为功于我至厚且大乎！天乎！有此衣袖海也。

全印度落英手

衣袖海为万国之保障

夜十一时入至伦敦，五年再到矣。昔无电灯而今有之，道路亦比前较洁。重入诗士大客栈，摩挲旧室，为之低徊。诗士客栈以文石为壁，画磁贴之，甚壮丽，房八

至伦敦

入住诗士大客栈

百，英之最大者也。己亥四月来游英京时，道路不平，覆车伤胸，遂入小客舍。是游也，以英故海军部大臣柏丽斯科子爵为主。柏君吾识之于香港，及来加拿大，彼电加拿大总督派兵护卫。比至，柏大臣令迁至诗士大客舍，以便与英士大夫往来。其书记为择室焉，一厅二房一浴所，四人日一百诗令。时英后域多利寿，房不易得，故甚昂也。

柏丽斯科大臣约至其乡大园中住

柏大臣并约至其乡大园中住，意至殷勤。盖伦敦人多地狭，寸地皆金。大臣世爵之第皆极小，虽有三四层楼，而门户广二丈许，如吾国之一间者，骤视之寒俭甚矣。此来访公爵某及大臣某，室屋皆然。西人视吾北京大官第宅至卑陋，然吾国官宅之宏广多矣，但不丽耳，岂若英京第宅之狭小哉！乃知各国京官皆不免俭陋之叹。英之世爵园囿伟大，动皆数里，以为避暑住所，皆距伦敦百数十里，此则规模宏伟，甚可惊也。

诗士大客栈后有园，临太吾士河，吾室正对埃及华表，甚触旧游也。旁为沙限客栈，大亦相等而甚新，其丽尤过之。然吾遍入欧土各国大客栈，尚不如美纽约之窝多、芝加高之□□为最宏丽。吾所住之窝多大客栈十五层，上有园，即昔李文忠公所寓者也。闻突厥有大客栈，为房三千，号地球第一，吾未之游。要之欧美之俗，王公大臣聘问联翩，富人豪家出游相属，故于中小旅店亦竞闳丽，木石之精，铺设之美，等于王宫。吾频年远游，道长为生，几以逆旅为家，习常而忘之矣。然欧美人之中下者，皆不惜旅费，日费十数金而居上等客舍，否亦择大客

道长为生逆旅为家

舍之小房而居之，内可省费而外存体面焉。吾国宫室器用既粗陋，民贫物贱，旅费艰难。吾昔游苏州，居旅舍三日，仅费钱三百六十，其相反远若此。然今中外相通，旅舍为观瞻所属，岂可令外人轻视。吾不自收其利，人将代我收之。故吾国自京师至各互市口岸，皆可经营壮丽之旅舍，宫室、什器皆仿照欧美之制式，以安宾旅保国体。且每客每室，皆可收取数金或十数金，以博重利。吾国食馔既精，花木又多，欲致精美以跨欧轶美极易，何为而不为耶？

经营壮丽旅舍以安宾旅保国体

己亥四月来游，本为秦庭之请，柏大臣力任相助。而议院既为波国事不暇及，英驻华使臣窦纳乐为荣禄所惑，误信之，以告其相沙士勃雷，故开议院时保守党不相助。柏丽斯科为进步党魁，党人较少，输十四人，事遂不成。吾遂行。其后拳事起，英议员多有归咎窦纳乐者，乃调往日本。英议员歇住著书，尚有述吾旧论而存之，以待将来至此重见，乃叹谓英人士谓我言之可信云。是行也，以二月十二日离日本，二十九日到域多利，以四月朔自加拿大曼梯河渡大西洋，九日而渡，五月节后出利物浦，候船而复还加拿大。以求人之难，不如求己，于是专意开保皇会，至六月十三日成。居三月，九月七日以母病还港。十二月废立事起，吾犹未行，乃得联各埠及各省而电争废立，内外震动。二十四日立溥儁，二十七日遂为皇上祝三十寿，以安人心。皆伦敦之事不成，激切为之，幸而有成，则天佑中国也。追思前尘，今乃得从容游历，环球一

保皇会成立

周，中间经历万险，如寐如梦。入伦敦街市，睹灯火而喟然也。

伦敦为大地都会之冠

伦敦人口六百万，纵横九十里，为大地都会之冠。以建筑既古，人口日增，无由改作，道路狭隘，有若罗马，欧土无有焉。昔者道路既污，马粪相望，其甚者乃有类燕京，亦无电车，无电灯。其无电车者，道狭不容也；其无电灯者，则煤汽灯公司皆权贵人为之，故不欲电灯之开，而致夺利也。此次再来，则电灯煌煌矣，然电车尚不能开。孰知夫吾国之后变，而北京之电车乃先于伦敦乎！盖道狭而人多，肩摩毂击，诚有过于他国。然在吾观之，尚不若吾粤城双门底惠爱街之繁盛也。闻百年前伦敦可对街楼上互递巾物，其狭可想。然则今已拓之又拓，盖旧国更改甚难也。阛阓喧阗，楼阁黝黑，奈波里亦略类焉，盖机厂多而熏成之。天气常黯然，少有晴光，英人即喜而相告，盖以为难得。少出伦敦十馀里，即天朗气清。其于卫生真非所宜哉！特无如其为都会，百业皆萃，于是不得不赴之。然故英人多晨出城而夜归乡者，然其楼阁虽黝黑，而英人不肯少粉饰之，盖熏烟实盛，无可如何。若在各属地，则行政者必令人岁月垩之矣。

机厂多致楼阁黝黑天气黯然

锡兰总督卜公介绍书

锡兰总督卜公已寄介绍书来，一致大审院长噂公夫妇，一致仙挖住公爵，一致《太吾士报》记者，一致《老名士月报》记者，一卜夫人致其姊公夫人。乃连日投书往见。噂公夫人才女也，能著书，以发明女权为事，与卜夫人并擅才名，故为至好。喜待客，故在伦敦皆其招待

往见噂公夫人

焉。其女与婿皆出见，其一婿则为印度部大臣也。再三招宴，请看剧，遣电车来游园，远及烈住文之大囿。其情至殷勤，可感也。约往司法署大审院，石筑，遍观讯狱审堂，凡二十五所，亦大矣，规模与各国同，惟颇狭隘，盖已古也。法官皆法服法冠，高坐堂皇之上座。噂公于法堂上让坐，视讯火船相碰事。盖此为海港讯堂也。起执别出，不数月而噂公父子竟逝。噂夫人居忧避地谢客，仅以书唁之，甚愧，无以酬其厚意也。公夫人旋往苏格兰避暑矣。

观讯狱审堂

英驻华二等书记官来见，介见于其外部次官灵利，总中国事者也。往外部署见之，石筑，甚闳伟，署门二重，署皆重楼，以视丹、瑞诸小国相去远矣。

英驻华二等书记官来见

《太吾士报》记者甚勤勤，于吾旧事甚悉，于吾国政府大臣皆明了，视之极轻。吁！何以致此？吾乃荐罗生入其报学习，且以中国情事与通焉。

仙挖住公爵邸在寒丁邓，去伦敦八十五英里，汽车一时半可到。书来约为三日游。寒丁邓即其旧国也。途中荞麦青青，草树甚茂。二十日三时往，六时半至，仙公以马车迎于车场，接待极优。仙公年六十馀，魁伟能谈，终身不娶，惟好客，有孔北海座上客常满、樽中酒不空之风。其先世在诺曼，从威廉第一入英，封建此土，盖千年侯国矣。邸第壮丽，亦垂千年，累有增修。邸上皆作堞垒形，高下方圆，各式皆备，大如一城，皆石筑。其中楼阁四达幽雅，别有内院，厅堂宏壮，花木幽深。卧室亦复宏大华

游仙挖住公爵邸

严，悬挂各像、陈设各物皆华重古异，与寻常人家气象迥异。欧土古者封建侯国之规模，于是略窥一斑焉。此为克林威尔旧宅，有刻文在邸上，归于仙公二百年矣。仙公传爵已九代，昔有地万馀英亩，削封建后日绌，去年卖千馀亩，今尚有千馀英亩在此。阿尔兰亦有数百英亩，每英亩价值五百镑，今其产业尚将百万镑焉。园林大数里，老树蓊郁参天，绿草成茵弥望，间以疏花，中有山池，亦有仿日本式者。花径、花室分各种为之，姹紫嫣红千万种。小雨晚晴，仙公陪游，晚宴有意公使夫人在座，亦来访之者。宴毕入书斋，深长五六丈，外室圆壁，环壁皆书。吾及问英世爵掌故，摊卷相告，通凡四百馀爵。始自威廉第一从龙之将，降及近世立功者，爵地姓名、传世功业莫不毕备。公爵二十馀人，侯爵四十馀人，昔译出，今失之矣。厅悬拿破仑像，仙公之从母即拿破仑子妇也。而仙公不喜之，斥拿不仁，谓拿一生用兵，残害人命无数，非为国事，但为一身，是不仁也。此论拿，真一言中的，仙公心术盖有吾圣贤之学焉，所谓翩翩浊世佳公子耶？宿仙挖住公爵邸，感英封建民权之故，夜不寐，得诗二章：

欧洲封建侯国之规模略窥一斑

拿破仑用兵非为国事但为一身

感封建民权诗

千年旧藩邸，百顷好林泉。床帐金绳丽，风烟玉树圆。迎宾门置驿，好客酒为船。楼阁华灯艳，凭阑夜不眠。

此是克林宅，遗踪二百年。当时起雷霆，从古发民权。游钓犹如溯，亭池自惘然。试来摩大树，郁郁翁苍天。

仙公爵因留小住，特派议员某女公子兄弟殷勤相陪。是日同璧女到，故还伦敦，惜未留观，尽其所藏，关于英封建世爵之俗甚多也。

尝考封建世爵之义，中国盛行于三代时，计日耳曼之世爵法兰克，当西三、四纪时创之。其时一以封功臣，一以因旧酋长。至今垂千六百年，乃始削去封建而存虚爵，犹汉时之关内侯也。吾国封建亦累二千年，孔子恶之，讥世卿，贬诸侯，而归于定一于一。秦皇、汉武遂能实行之，于是二千年之封建亦尽为虚爵，号称王侯，皆无治地以君其民矣。盖建侯世爵必皆虐使其民，日事戎兵，以争邻国，此其最大害。上观春秋，下观欧土中世，其事效亦可睹矣。然近者欧洲一切之□，皆赖封建世爵以产之，我以秦始混一之故不能诞生，则我得中有失，而彼失中有得。是以凡事之是非深远者，不易言焉。

封建世爵中国盛行于三代

封建世爵孔子恶之

英国自约翰以来，大宪章之立，请愿书之求，民权之争，议院之成，今波及于大地而产生于欧洲者，一切皆非平民能为之，皆世爵为之，即克林威尔亦诸侯之一也。此犹周召共和而流厉王于彘，季氏之出昭公，孙宁之逐卫辄，三郤之弑晋厉耳。其要君设盟誓，无得专恣亦多，其请愿书与大宪章，所谓载在盟府，见于《左传》者多矣。盖世爵各有治地部民，其权力能常与其君主相抗。故君主有恶，诸世爵联合而废之，甚者弑之，众力相等，又不能以一人独篡。故复立君而誓之限之，此事势之自然，无中

英有世爵而立宪议院成

外而暗合者矣。君主既恨世爵之抗己，故日思废抑世爵，势不能不引平民以抗世爵而助己，于是议院分为二。故平民之渐有权者，亦世爵之反激力有以生之；若无世爵之反激，可断欧土千万年无上下议院之诞生也，而更安得有立宪民权之事出？若其我异于欧者，则欧有世爵而立宪议院成，我有封建世爵而立宪议院不成，何也？则前过衣袖海已详论之。

英国既去法不远，仅隔七十里之衣袖海，以输入大陆之文明，而又以越在海岛，与大陆不接，故兵事鲜少，民情从容，故得以馀暇上与其君争政。大陆诸国强邻交迫，日困于兵，故惧外之心多，不得不并力以拒外。既当并力，则不能不听命于君主，而君主亦必行专制之政，乃易立国致强。故普与英同为条顿，而非烈布大王纯用专制，政与英异，则以所处之地势与英异故也。吾国在春秋时，既无一海岛国若英之近，而又能自立者，若皆在大陆，日事于兵，正与欧洲诸国同，故并力拒外而不暇从容争政，以欧陆诸国之不能产立宪民权，则我中国之不能产乃事势之自然。非吾有所不如也，又非条顿种之独能创义也，地势为之也。

中国不能产立宪民权乃事势之自然

至秦、汉一统后，封建世爵皆削尽，虽位宰执爵王侯，实皆匹夫，其不能起与君抗，乃事势之无可如何也。若大无道之君，若秦政、隋炀、元顺帝时，平民之刘、项、窦建德、宋金刚、薛万举、朱元璋、陈友亮、张士诚等并起，则又缘无封建之故而摧枯拉朽焉。然平民称兵而

中国平民称兵为帝非民权

剿灭群雄，即复为帝，则民权矣，而实为帝权之阶，抑不足道。然使欧洲大陆一统，则英之蕞尔三岛亦必不能自立。封建早发，其早成郡县久矣，又安能产出立宪议院之制哉？然则英之产此异义，天之生是，使独大地无一地势类之，而可有偶者也。然今君权之抑及今民主之前，则实世爵为之，与平民实无预焉。法平民之有权，乃因路易抑世爵而引平民助己之故酿成之，故平民亦为世爵反生也，非平民直接而能取权也。或曰六朝时世家之地位权势亦重矣，何以不能产民权？则六朝世家并无治地，仅同欧土今日之世爵，迫君不甚，而国土太大，议院未成，君又不须引平民以敌之，此所以不能诞生也。故世爵封建虽不善，而至善之立宪议院乃赖以生。禾非粪不长，物固有极相反而相成者，岂不异哉？

中国器用服物日不如昔

中国器用服物日不如昔，三代至古，宜朴略矣，而彝鼎尊罍杯盘之传于今者，刻画精妙，今世反远不逮焉。乃若器物之陈必幂以布，堂门之地必铺以席，观仪礼之铺设一切有定物，有定式，以观今欧美之礼意，乃多暗合焉。今所谓文明者非耶？降观于汉、唐、宋、明之遗器物，亦多精品。就近而论之，若宋世柴、哥、定、汝之磁，刻漆、创金、溜金之器，明之竹刻、铁画、烧炉、珐琅，皆今所无，而国朝乃无一创出绝异之器物，足以抗前古而昭来兹者。考明世吴下士大夫，几于人养优伶，各蓄家乐，以互相竞，以《陶庵梦忆》考之可见。而今举国士大夫，几未见有一人一家能蓄一部优伶伎乐者，何贫富相悬之远若此？伎乐不能蓄，则宫室工艺新器之精妙者，亦必不能产生。盖精妙之品物，必费无谓之资财而后能成之。既成之后，又必有无量好事之富豪爱玩，不惜重金而争购之，然后流行而创制者乃可得利而争为焉。故专卖特许之异品必富，而尚奢之美国而后创出乃多，贫国尚俭者则难产焉。馇粥之不顾，而岂能事清供乎？故贾生曰，锦绣纂组者害女红，奇技淫巧者害农夫。乃至欲使巧工转而缘南亩。老子曰，五色令人目盲，五声令人耳聋，难得之货，令人行妨。欲使人安其居，美其服，无知无欲以愚民，盖尚俭农国之论如此。

贾谊反对奇技淫巧

老子主张无知无欲

当古者未开工商之业，则惟赖封建世爵乃得以租税，世禄之入及其刺剋百姓敛财之馀，以筑美丽之宫室，作精奇之什器。唐之藩镇，宋之武将，固富不可议，即文臣之厚俸，亦得以其仕宦之馀，以致精品物，此新器艺所以日出也。国朝尤少世家，而操下尤蹙。嘉庆时乃至知县规入皆上之部，后虽中止，而候补之员数多于正员数十倍，候官之年额久，率皆十馀年，故士夫率皆窭困已极。即间得外放优缺，亦以弥补累岁之亏空，甚至有累典南海、顺德、香山之大县，而身后亦复萧条，更安能以馀财致精于宫室什器？此惟世宦之子不知稼穑，乃能挥金如土，稍事器物耳，是亦世爵之馀波也。故吾国宫室什器之窳败粗恶，习而成风，殆不自知。又经宋学道德之馀，更以敝车、羸马、布袍、蔬食为尚，士大夫益更以俭陋相尚，以为盛德，而奢侈者几若为贪墨之代表。于是士夫且有伪俭

唐宋以前美丽宫室新器艺日出

清代士夫窭困已极

士大夫以俭陋为盛德

为名者，故出使诸臣之陋吝，多为敌国嗤笑。而北京之宫室、道路、器物，我游爪哇王之疏罗京与墨西哥之乡落，乃大相似。呜呼！爪哇、墨西哥非野蛮人哉？吾何至似于是？

李鸿章居室俭陋不堪

一英官语我曰："人谓李鸿章富，吾不信也，吾观其室乃陋不堪。"今以欧美之宫室论之，不特世爵、士夫、富豪第宅之精丽，乃至兵房、贫室亦复精丽整洁过于吾王侯焉。美人月有百元之工入者，即有一月租五十元之屋，器物氍毯称是，楼阁奇妙，花木楚楚。以湾高华二万人家，地不铺毯者二家而已。回视吾国士夫第宅，乃至大吏衙署如何？吾亦不欲言之矣。若其公馆，如议院、博物院、学舍、医院、书藏、狱室、宫衙，则雕墙峻宇，文石铁构，华妙严庄，动费千百万，以此壮万国之观，而表文明之象，令游者震惊咋舌。回视我国公馆之敝陋，真有天壤之别。乃若凡百器物，彼无不丹青翕赩金木精奇，雕刻妙美。我则无不粗劣苟且，黯昧败坏，两相比校，果在何等，宜彼人游中国而大轻我也。吾见印人虽俭陋席地，而筑室必石，尺寸皆雕镂，盖若不如是则不足齿于人者，所谓化民成俗也。欧人款客，食三四品常馔亦可，中国人则必珍品十一数乃可待人，此亦民俗之习惯耶。美之乾沙城有医者，与吾华之医者某同居上下楼，皆贫无所入。美之医者室铺设甚丽，而食仅豆麦；吾华之医者室设甚陋，而数日必食鸡豚，美之医者常笑华医之好食焉。二者相形，民俗各有尚能。食之丰美否，人不得见；室设之美否，可

吾国人以宫室器用之陋窳见轻于欧美

一览知之。吾国人之见轻贱于欧美，宫室器用之陋窳其大端也。

欧美注意宫室器用之美

然原欧美之致精，注意于宫室器用之美者有故焉。当彼中世，举欧无学，民不识字，其蛮陋至甚，以吾汉、唐、宋之文明，有若天壤矣。而彼宫室器用在数百年前已多精丽，雕刻妙美，今各国博物院所陈可见也。所以致然者，则封建世爵既多，租入甚丰，或掊民甚至，世为侯矣。不知稼穑艰难，故不惜财力，以营丰屋，尽雕刻崇闳之丽美；以制什器，尽金木镂染之精良。以彼世爵之多，相习成风，相扇不已，富人艳而师之，士人习而尚之，不如是者则摈不与伍。故尚奢尚富之俗遍于欧，流于美，而宫室什器之华严精丽日新日出，乃以文明骄于万国。而工艺之精奇日竞不已，则轮舟、汽车、电线、显微镜、千里镜、留声器、无线电因以滋生，以器物之粗而其无量之大力，乃能缩地通天，破旧俗，变旧教，强国土，制大地。而凡徒尚道德、贵农俭之国，则愚暗钝塞，削弱几亡。而所以工艺致精之故，则皆世爵为之，此又失中之得，有不可思议者矣。善哉！孔子之言阴阳也。鄙人每思一事，无不具阴阳二义，咸具得失，皆有利弊。浅人不知，偶见欧美之一得，而诩诩道之，以为在是。岂知凡一事物，皆源远流长，根据极深，利病相反，奈之何其易于言也。吾恐流弊之不可思议也，吾真欲无言矣。

无事不具阴阳之义

游议院

游议院

二十三日游议院，议员某约见英相巴科于是。巴科端秀而文，衣甚长，是时议院将结案毕，故极忙。此院已六百年，临太吾士河，盖大地议院之最先者矣。院石筑，瓦面及壁皆棱棱尖上，如祆祠式。院长方形，左右长直几四行，中为议长座，带假发，近议长处为诸大臣列坐。是日阿尔兰以邮政事与政府辨，首相巴科亦频起立辨难。巴科盖前相沙士勃雷之甥也。巴相以文学名，文采风流，从容太平，而英人则讥其弱，与张伯伦同党，然不相用云。翌日见其进步党故商务大臣□□，其宅环壁皆书，盖著作家也，失政久矣。吾问今政府，且誉巴科、张伯伦之才。答曰："君自誉之，我则不见其才也。"异党之见如此。问我中国变法，我告以欲采法英国至美。答曰："各国各自有教化、风俗、历史，万无以他国之政化可骤移用之理。我英国之政，是自然积化，非仿效而来，亦非可仿效而得。病症不同，不能用一方。"因历举各国误采用之败，其意若箴我者。然其言真，有理据，今之妄变法而专媚欧美者不可不思此言。惟行遍欧美、日本各国议院，皆圆半壁式，惟此与加拿大阿图和都议院为长方式。英伦盖开之甚早，不及细思，加拿大则模仿英伦也。然长方实不如圆形之妙。吾问英议员方圆孰愈？彼亦云圆胜也。

见进步党原商务大臣

日本使馆书记官长桥橘太郎来访。长桥君通中国语，昔于戊戌九月吾游日本时，大隈伯以首相兼外部，实以电接吾于港。船泊神户，大隈伯派外务省官长桥君来迎，护送至东京，备极殷勤。别七年，今重见于伦敦，又约酒馔为之，欣然道故焉。

日本使馆桥橘太郎来访

日本使林董约见

日本使林董男爵曾使中国，籍籍有使名，新缔英、日之好，英人甚敬之。约见于其烈住问别墅，请午宴。宅后敞地花草清幽，同璧女与其夫人以英语谈。食毕，延吾花间长藤几上纵谈，笑谓吾国外部太瞢于外事，“俄使巴兰德久尝告之曰，有求于中国，不必以好语与之，好语亦不可得，但盛气相示，时或拍桌云调兵舰，则畏而听命矣。德使又尝相告曰，俄使频以中国外部畏怯之情告我，当以示威运动。我未信，而姑试之，今在外部姑变色拍桌云调兵舰，各外部大臣始之相拒我好言者果畏恐听命，乃知俄使之术不谬也。各使展转传语，屡试其术皆售，何等儿嬉也。君今不当国任政，吾故以语君”。闻之令人惶悚汗下，各国使之玩吾大臣于股掌之上，视同小儿，于中国之物如取如携久矣。今磅价之索千馀万，非出各国政府意，亦各使姑游戏试我，不意果亦售。吾大臣尚以盲瞽尸位于上，以方今外交之重，而以不知医之盲人公然对待，其危险岂有比哉！林君自道其维新之蒙难以相勖，又谆谆于危国变法之难，各大国干预纷纷，引波兰以为证，其言切而忠，吾执政者未知闻之否？吾昔进呈所撰《波兰分灭记》，上阅之下泪。若不早预备御侮之道，虽欲变法自强，其可得乎？念之忧危，回顾祖国，吾心耿耿矣。

变法自强必早备御侮之道

游水晶宫公囿

游水晶宫公囿

十六日，游水晶宫公囿。乘汽车往，半时许乃至。此乃公囿，非宫也，以为名耳。大数里，冈陵湖陂迤伏，绿草茂树，碧漪白凫，与楼塔相映，布置宏丽，英人以水晶宫自号之。昔闻甚艳羡瑰异，及到观，则不过大楼数十丈，以玻为盖，门堂秽污，木板下作制牙字版，不雕饰，太辜负此名。其玻藏鱼藻，亦仅数镜。欧美之俗多夸若此，而华人来游者多夸炫于故国，亦妄矣。然入门即有玻廓数十丈，上复藤花，廊外敞地遍绿，小冈颠有亭，陈杂戏，下有圆屋，为普破巴黎影画。正面凭冈，列级栽花，上为玻璃楼，高三层，左右二塔，高耸天半。登楼，悬英国诸名胜景。再入右楼，遍陈百物。左楼陈杂戏，右楼陈百物，中有列室以陈古物，若博物院。有罗马及各国之人物宫室，其中陈埃及物者室仿埃及式。又有数室布置方圆，刻画颜色像设甚佳妙，其上层玻盖，下为各国人种，以蜡为人而象其地，皆非洲、南洋者也，皆英之属地，与德之属国院同。而如香港、加拿大，无有英人之不自炫而薄他种人，过于德人远矣。

各国人种蜡像

第一室为缅甸、印度人。

第二室为爪哇之野人，色黑。及烟打问岛野人，其下体以簑围之。

第三室为澳洲土人，色黑如墨，面阔鼻大，有类猩猩，而脱化未远者。其巴布亚野人淡黑色，面瘦，亦以簑围下体。

第四室般鸟岛人，能衣背心，每幅以白线五行压棉，稍进化矣。

第五室为东亚非利加洲丹亚乔土人，似巴布亚人，有冠及套裤，以布为之。其南非洲大林中野人甚矮短，似小儿。

第六室西西非利加洲，自奶路河至奶格河，人面如墨，以布围下体。其酋以布套颈，围以蚬壳，战胜以绳系人跪献其酋。

第七室南亚非利加洲租护人，以篑为屋，高四五尺，斜面大口粗唇，兽皮围下体，跪坐。

第八室南美洲波拖乔多士，地近巴西，人黄色，以布围下体。惟上下唇及耳中皆置一圆木塞，寸许，以擘之使大，诡异极矣。其伽卢卑士人同，但下唇无木塞耳。树下有钓床，盖野蛮人皆好雕饰其身，不畏痛苦，以为美观，故雕题、凿齿、文身、穿鼻。以吾国妇女尚有穿耳、裹足之谬，欧人尚有袒肩、细腰之苦，则何怪于波拖乔多士乎？

水晶宫乃一大游囿，兼戏场、曲院、劝工场者也。外有走冰、跃水诸戏。每逢来复五日，内外电灯百万，以闹夜游，士女如云。盖与民同乐，而又收游费，以益增其盛也。

游博物院

游博物院

二十二日，游博物院。己亥四月曾来游，惊其壮丽瑰博，今六月重到，但觉朴略不文。门墙用希腊式，其中上盖用白灰，无饰画，其下用白木长净板。遍游欧土各国博物院，无论奥、德、法、意之精丽，即小国若比、荷、瑞典尚华饰，无英之粗略简质者，在欧土为最下矣。即所藏品物，亦复寻常，无意之古，无法、德、奥之博异也。未知吾所见太多，故司空见惯而轻视之耶？后游美国，见纽约、华盛顿博物院更寥寥可笑，乃知物不可不博观而比较之也。惟此院藏书二百万册，其书架直计长可四十英里，未知有误否，姑述所闻。每年新增之书约五万册，中国书画亦颇多。前五年来游，见有宋板《杜诗》摊在桌上，乃《哀江头》《哀王孙》也，为之感叹。未几庚子之乱，果不幸而躬逢之，于是内府之珍多迁于是。有乾隆御刻鸳锦云章七玉版，而玉如意、玉瓶碗、宋刻漆及古磁无数，御玺尤多，尤可伤心矣。［图略］碧玉玺，螭纽，大二寸许。十全武功者，高庙暮年自诩者也。十全者，一青海，一准噶尔，一回，一台湾，一大金川，一小金川，一卫藏，一苗，一安南，一缅甸。似有外蒙古，远游无书，略凭记忆，未知有误否？此高庙最得意之事，辟土万里，功在中国，亦中国以君权而最盛之时也。岂意今日蹙百里，玉玺落于他国，百年之事可感喟矣！然征缅之事，明瑞全军阵没，傅恒以重贿购和。吾游缅甸，缅人谓吾国以二公主和亲，至今有公主坟焉。事似不大妄，有谓傅恒以二妓冒公主而购和者，则辱国莫甚。陈平秘计以媚阏氏解围，不可得而详也。此事似非全功。吾观缅人愚懦无能。吾历缅边深入内地，自阿瓦蛮暮入红河云南界，至野人山，既非极高。自野人山下，潞江波流汤汤，长驱千里，至阿瓦皆平原无山，但瘴盛耳。过明瑞全军覆没之地，为之感

中国书画

庚子之乱内府珍藏多迁于是

征缅之事耻辱莫甚

恸，然临江边，无非常之险也。睹傅恒驻军及班师处，亦即逾野人山矣，不解畏怯若是。英人以三千师五日灭缅，而我累年兴数十万大军，丧师无数，只得贿和而反，耻辱莫甚。此我之武功至可愧者哉！

唐太宗亲征高丽与英取缅甸之别

老子曰："以奇用兵，以正治国。"盖既已杀人矣，自非纯乎正义。我国自一统后，帝王用兵纯以强力，而不屑用谋，虽以唐太宗之才武，手定天下，及晚暮亲征高丽，用百万之兵以围盖平。李靖请以九千人自间道下平壤，太宗不许，以为王者之师无敌。然盖平终不下，以疫而罢师，为一生之辱。而英人之经营缅甸也，预取仰光、海口为根据地，与缅人通商，而窥其内情。内情既得，知其无备，乃假借木山交涉之细故，自印度调兵三千，挟缅王子遣汽舟上驶。缅京不及戒，五日到阿瓦，英帅但请谒王，携亲兵五百入城，分守四门，掳王及百官至汽舟，而缅全国举矣。不费反掌之力，何其易哉！回视吾国用兵之愚，相去何啻天壤也。盖吾国人本无意谋人国故也。假使吾国人久有拓辟域外之志，则用今欧人之法，先据一通商之地，徐诇人国之内情形，便散布人士于其内，然后乘隙取之，则五日举缅之法，吾国之大，久已遍举全球矣。然唐太宗尚不知为之，况今日哉！此真让欧土竞争诸小之苦心经营，而后有此灭国新法哉。

碧玉玺

［图略］碧玉玺，螭纽，大三寸。万寿山者，即今颐和园中之山也。清漪园者，在今颐和园北二三里许，围山为园。山有泉，圣祖品为天下第一者，名曰玉泉，即以名

山。山顶有塔，即名玉泉塔。泉流出极清洌，沿山足引成渠，而入于昆明湖，故名园曰清漪园。宫殿凭山，亦在其麓，逾岭又为殿座。咸丰十年，英、法来侵，皆焚。今有翠黄瓦塔存焉。其馀殿址略存，瓦砾遍地。光绪戊子来游，饮泉于此，睹之伤心。戊戌四月在颐和园召对毕，晨曦照耀，策马再游，与幼博弟偕重酌玉泉，则有新殿数座焉。泉流涓涓，绕华滋堂前汇成池而出。乃登山顶玉泉塔而望远焉。万寿山，则筑于元世，有谓人力为之，盖元时大京之正面，明永乐改筑北京，乃迁今迹，国朝以垣周绕万寿山，为颐和园，凡七里，前临昆明湖，周十八里。咸丰十年庚申，以怡王下巴夏礼于狱，英、法来侵，放出，愤恨甚，乃尽烧京外御园。圆明园、静宜园、清漪园、颐和园并毁。光绪壬午、戊子、甲午、乙未吾四游焉。但见蔓草荒烟，断垣遗础。壬午以后，临朝逸豫，乃重修颐和园，倾内府所入而为之不足焉。于是光绪十三年提拨定海军购舰款三千万两，而为筑万寿山、颐和园之用；又以二万万两祝寿于万寿山，营幡云殿、万佛楼以庆寿，致海军舰队不足而败于日本，遂有割辽、台补二万万三千万之事。内情之虚乏大见，于是胶、旅迭割，瓜分大唱，而中国几亡于此万寿山矣。

圆明园之毁

中国几亡于万寿山

吾以戊子、甲午游万寿山时，山前有海军衙门，颐和园内禁折花木，皆贴海军王大臣会衔告示。噫！万国海军大臣有管及各公园、御园花木者乎？何其以整以暇也。戊戌吾召对，亦在万寿山之仁寿殿。万寿山乎！可为吾中国

万寿山可为中国盛衰兴亡之鉴

盛衰兴亡之鉴焉。万寿山则为颐和园，而此玺独刻清漪园，或昔者未有颐和园之名，而统于清漪园乎？吾出游无书，不能考，此亦他日《梦华录》所宜考焉。御玺奇大，玉色澄碧，何意流落异国？睹之伤心。惟海军而在园中，则此玺自宜在国外矣。万寿山园之海军，此尤古今万国所未闻，尤宜高据博物院一位置者。夫又有“自强不息”四篆文碧玉玺，螭纽，大小各二，小者亦寸许。又有懋勤殿玺，有乾隆御刻鸳锦云章七玉版。此外玉如意、珊瑚珠、宋刻漆器、瓷器甚多，盖宝器之外溢多矣。

中国宝器多外溢

有苏门答腊书，似吾数目字者。有给迪文，似希腊给迪者，地立埃及。有非洲意厘阿碧之文，以扁笔为之，其瓦棺有如履形，前后有孔，仅空北头以入尸，此在西历前数百年矣。其巴比伦、亚述之文甚多，有在西历前四千五百年。有二千年瓷泥刻文，盖信封之用。有西历前千年石画人，皆高帽持弓矢，多作三人推轮形，其文有言律例商务者。有西历前六百年王宫门之石刻轮及字。有西历前四百年石碑刻，甚精矣。埃及五六千年之物甚多，盖英于埃及权力甚大，故搜罗甚博，自法国外亦可谓多矣。

游陵墓、百戏园等

二十四日，游挖士免士隋伊乎陵墓。上为祆祠，绕殿四周，皆名王名臣名士之坟也。坟上刻石碑，亦间刻像。殿高五丈，柱皆瘦棱，祠外有花木，游人甚盛，惠灵吞、奈端皆葬于是。吾适见其像，此盖旌功德、表贤才之大

游挖士免士隋伊乎陵墓

典，非是不得葬焉，有类吾国贤良、昭忠、乡贤、名宦之祠，所谓祭于太烝者也。特吾国崇灵，以尸骸为臭秽之馀而远葬之，祀魂于祠而祭之。我重魂灵彼贵尸骸异耳。然欧人重洁而远秽，耶稣又尚灵魂，乃群众尸于大城市之中，人烟辐凑之地，岂其宜乎！虽曰敬贤才而宝之，然贤才在其神明，不在其腐形也。以此言之，吾国为优矣。凡欧俗皆如是。

夜游儿士葛百戏园

夜游儿士葛百戏园，亦五年前旧游地也。昔有波斯、突厥宫室衢市，波斯人衣长衣，牵驴候人驮，甚似中国北土俗。重阁茶室之形式大小亦略同。盖未有汽机之国，政治至极亦不过如是也。美国五十年未开铁路亦然，则不足异矣。有波斯蒙馆，儿童冬学闹比邻，师弟皆席地，数小儿摇头喃喃，其文皆三字为句，颇类吾《三字经》之体也。突厥宫室皆金顶，妇女白衣绣金，甚丽，人亦秀白，如吾江浙，但皆席地，设圆靠坐耳。有非洲黑人数百，张数尺穹庐，卧宿于地，观此如游非洲矣。然是时有英贵女有文学者，与黑人通，为吏所睹，拘之狱，恐其以恶种乱也。问其何爱于黑人，答曰："吾非有爱，聊以博物理耳。"又有黑妇生子室，裸黑妇与子，听人考览，无所不至。欧人之好奇甚矣，而物理因以日明，或亦有故耶！有作日本与我战戏、英战波国戏，凡用千人，山海迫真，兵马杂驰，旌旗相属，间谍窥伏，大队乃发，枪声冒烟，炮队猋出，烟气蔽天，皆如真战，所以习战也。今则又有日、俄之战矣，海舰之临旅顺矣，海山夜月，烟波微茫，壁垒戒严，舰队炮发，轰动天地，如在旅顺亲见之也。欧人盖能以实事教人应用者，人情亦最乐睹之也。重来前迹皆变，惟劝工场尚如昨。大池喷薄，飞艇惊荡，电灯万亿，楼阁回环，虽远不如纽约之欢娱岛，然在欧洲中，惟匈牙利之标德卑士百戏园可胜之耳。

再登升天轮

是夕，再登升天轮，亦五年旧游物也。轮齿皆作箱室，大盈丈，全轮大廿丈，有机转轮室。即渐升，俯望伦敦全城，灯火如昼，似凌虚御风冷然而善，此间呼吸通天，不欲再下人间也。渐转而下，观五色喷水戏，有池喷水，以电玻照之，作数百十色，又有霓裳舞，其裳亦散作数十色，皆以电影之者。各国都会皆有此百戏园，以同民乐，故日竞新奇。美国后出，而尤以电占胜，则芝加高之白宫园，而纽约之欢娱岛为之冠矣。

视剧

舞乃各国所有吾国则经朱子扫弃之

频夕视剧，各戏场之大皆不如法国。曾有大舞，以数百妙女各分队伍，效各国衣而舞，每一舞易衣一次，开阖变化，甚为异观。舞乃各国所有，自日本、印度、暹罗、安南、缅甸、爪哇之舞，吾皆遍观之，惟吾国独无，则经朱子扫弃之也。然《诗》云噂噂舞，我六朝之铎舞、拂舞、鸠舞，《唐书·礼乐志》之大垂手、小垂手等名义，今欧美之舞皆有之，而日出新奇焉。霓裳羽衣之舞，今欧美女乐之翩跹，真有霓裳羽衣之观。试考汉、晋、六朝、唐女乐歌舞之行乐，及蹙鞠、打球、拔山、缘橦、秋千之游戏，乃与今欧美俗全相同。但我世宙已久，考道日深，自朱子出而泛扫之，遂为近世千年之俗。此道德之说求之太过致然，于是鞭辟太甚，有类于墨道矣。《庄子》论墨子曰：使人忧，使人悲，其道太觳。去天下之心，使民不堪，治之下也。去于天下，其去王也远矣。虽然，墨子真天下之好也，虽枯槁不舍也，才士也。夫今朱子言道德太过，亦遂使民不堪，去天下之心，其去王也远矣。今人心之慕于欧美，而去于朱子。朱子不王，亦以是夫？然朱子枯槁不舍，亦所谓天下之好也。惜使人忧耳。今欧美之政俗，其义之归宿在使人乐。宗旨既讲定，则一切条理自奔而赴之，此为治化第一大根原，其渐趋于大同亦在是。源流深博，非一二言所得明也。今不复辨说矣。

欧美政俗其义之归宿在使人乐

游诸囿

游诸囿

伦敦有二大囿，一曰海囿，一曰贤真囿。大皆十馀里，林木森蔚，绿草芊绵，夕阳渐下，人影散乱，打球散步，以行乐卫生。贤真囿在英之正官贤真睦斯宫前，敞地甚大，道路广阔，有喷池杂花，夹道植树，颇似吾北京煤山后大道风景。海囿尤佳，凭太吾士河两岸为之，而长桥枕流，水滨沙际，芳草红花，疏林老树，小舟无数，泛泛烟波。城市得此，差足逍遥。吾于日夕无事辄来一游，驱马倚阑，不知几十次矣。伦敦城狭而人民太多，故处处皆有小公园，方广数十丈者，围以铁阑。茂林小亭，以俾居人游憩，近邻之人家，皆有匙以入园游息也。

重还英伦

后重还英伦，当秋九月。伦敦大雾，对面不能相见，自房室至市道，白昼然灯。恶气蒸人，人皆作咳，吾亦患焉，乃与同璧女避地于数十里之烈住问村而求医焉。地近大公囿处，旅舍楼阁修耸，凭园林可眺望，乃游于衢囿。行及球场，乃命小舟泛棹，沿溪经市行。渐出村墟外，夕照苍茫，林木浓郁，溪流清折，时有渔人打网，酷类故乡风景也。既得清气，两日而瘳，复还伦敦，即复病，甚矣！闹城之不可居也。服官于伦敦者，其苦亦甚矣。盖伦敦以次第开辟，骤盛于百年中，无从迁改。楼皆六层，连地下则七层，其地号称九十里，以七倍计之，开方二百五十馀里，而聚于数十里之一隅，复烟汽蒸天，百货壅地，恶得不积成秽恶之气哉？吾国从兹变法，明逆后事，乃可以新国治之，不可苟且图存旧城也。宜划城外地为新市邑，开马道汽车以诱致吾民。计铁道既通，聚民甚速，成都成市，皆在指顾，是在画地。居民者之有远图，而伦敦亦可为鉴矣。

避居烈住问村求医

伦敦积成秽恶之气

吾国宜划城外地为新市邑

八月二十二日自荷兰渡海，二十三日晓还，七时到英伦，乘汽车还伦敦。于是去英两月，游丹墨、挪威、瑞典、比利时、荷兰五国，而重游德，经汉堡、萨逊、来因数国，再返英。望见英伦，口占成诗：

自荷兰渡海还伦敦

小别伦敦已六旬，遍游列国饱风尘。波涛两渡波罗海，土俗深谙欧北人。国小各能门户立，民贫亦斗物华新。昨夜荷兰女儿酒，宿醒未解见英伦。

返伦敦道中诗

闻英人盛夸排顿海岸之胜，乃往游焉，汽车一时到。

往苏格兰

八月二十四夕十一时，乘汽车往苏格兰。午后三时到噫巴颠埠。往苏汽车，上等者人一小室，甚窄，仅一卧榻，别有茶室，有几桌数事，可饮食眺览，甚安，与美国之一切公共异。盖英人贵贱有等，世爵大官多，或不欲与人共处也。此制中国可行焉。 至噫巴颠（阿伯丁）埠

噫巴颠城甚古，人口十五万，屋甚峻伟，路近整洁。近野处新屋累累，皆二层，纯用白石筑之，颇类吾粤，此石亦吾粤最多，但彼纯石而多窗耳。此式各国不见，惟噫巴颠有之。每石屋岁租五百诗令，每百国税其十五元，屋主出半，则租甚贱耳。其旧邑居屋卑陋，高仅盈丈，泥色，如中国北方，盖其进化皆在近世，此可考见也。

过前王罗拔逋护之桥，六百年矣。石拱为桥，制似中国。夹涧中红叶满山，风景甚佳。渔人古屋则极卑，然甚洁也。自此过去，为古坟庙。

游古坟庙

自九百年至七百年前石筑甚古，皆名王、名贤、名士之坟堂也。合为一堂而葬之，如吾国昭忠、乡贤祠之义，以鼓厉后人者。诗人芒布即葬于是。林木葱郁绕之，其后即海，波浪杳茫，直对汉堡，凡四百五十英里，去瑞典亦仅五百英里耳。回首旧游，即为凄然。英之强也，宜哉！四面皆海，易于保守，而不致日受大陆各国之兵，一也； 游古坟庙

居人环海而居，日狎波涛，因以试其海师，而即以海军制胜大地，二也；望海波之滔滔，生思想之悠邈，妙于风景，令人性活泼，三也；其与波罗的海诸国皆近在咫尺，得以竞争进取，四也。吾于此望海，感于英之所以强焉。

游铁厂兼制船

游铁厂兼制船

厂制皆与克虏伯同，但小耳。分四厂，开已百年，工人五百，画图者十馀人，大工三十五人，工人每七日十八诗令。前后制船已四百馀，中国前曾购其一。观其引船入澳，大舟用转机，小舟用缆，所陈船式缩型甚多，虽小厂乃亦如此也。盖苏格兰工厂最多，观修石路者，以方铁空块实之，其有缝际，以炭汁和铅灌焉，则结实矣。

游大学、女小学

游大学、女小学

游大学，极壮丽。游女小学，极华秀。所教有法，别见《欧美学校图记》，今不详。有南洋吉朗陆君佑、陆君秋杰二女学于是。其保母四十不嫁，慈爱有法，深可付托也。吾国学生多学于此，以屋租食用皆大省于伦敦也。市街之洁不如美，屋亦太整，千篇一律，不如美之家家异样，皆有花木。此真后来居上，有所鉴观去取，而益得其精也。

游苏京

二十六日早起，乘汽车往苏格兰京噎颠堡。中午到，即纵游焉。同璧从。噫颠堡人口五十万，石山盘郁，前临明湖，山顶为故王宫，近临都市。遥望原野，楼阁峥嵘，水木明瑟，英人号称最佳胜者。然除瑞典、挪威外，欧土各国皆平野，无石山，则噫颠堡诚为胜地也。

游噫颠堡（爱丁堡）

苏格兰旧与英并立国，此京亦其大都会，建都甚旧，故楼阁数层，皆黝黑不美观。然建筑亦有甚奇伟者。道太旧，不明洁，多平石道，与中国同。以依冈陵，故道多高下。近公园处，长道夹植林木，颇幽艳。银行、医院、狱室、恤孤院相望，皆瑰伟，多作塔垒形，王宫亦然。盖百战霸图之馀，侯国皆筑垒自保，相习成风。今仍旧式，故耸云拔地，时见伟异也。

公园绕石山，王宫为之。寒芜老树，怪石槎枒。是日驱车行山石道中，荦确不前，适遇冻雪，俯瞰郊城。苏京道污，民贫多赤足者。得诗：

游苏格兰旧京诗

驱车旧京登古城，天寒雪点扑车辙。国贤年少爱试冻，老夫畏风吹凛烈。山石荦确故宫凭，今为炮垒旌饰揭。绕山开道夹绿芜，马上峻坂经九折。烟树人家十万户，川原迤逦云雾结。下湖涟漪凫雁游，上湖石壁峭若切。忆昔故王呼銮道，霓旌已过箫笙歇。黍离麦秀二百年，雪虐风饕惨瞥裂。山势嵯峨虎气存，故宫巍嵘感行人。美利御榻敝犹在，摩挲遗像更酸辛。地古人豪尚可爱，道污屋黑不堪论。吁嗟苏格兰，赤脚多遗民。

游议院

游议院

颇庄丽，正面为庙而半壁环之，其下葬创教者尊诺。

登山顶

登山顶

王宫据山颠，俯瞰全城，又望郊野，光景甚胜。有卫兵守门，今作炮垒，以为兵房。然故宫遗迹，众垒森森，凭石揞岩，望远极佳。惟旧国故俗，道路颇污，甚似中国耳。登览忼慨，江山险胜，令人有霸图之感焉。

游王宫

游王宫

此宫二百馀年矣，近野，背倚山，风景殊佳。门左右二小塔在池中，宫石筑四层，甚伟丽。左右圆塔两重，左为祭殿，柱础极雕镂，今已颓其盖矣。宫中已无铺设，多有毁敝者。惟楂理士第一寝殿、女王美利寝室具存。其御榻四柱，有起花锦盖，有垂，四周有帷，可开合，卧褥甚厚，同今制。楂王寝室存几一；女王寝室二坐几，一茶几，炉如今式。皆敝旧已甚。然可一览而见古王内寝之制，足见保存古物之用也。徘徊久之。

苏格兰道中

瓦特故居

苏格兰道中，名人之遗像、名士之故宅甚多。若创机汽华忒故居，有石铭焉，其像在街。创教者尊诺与诗人巴顿之宅，并有石铭。车夫皆能一一指以告人，不可胜记。然可见其重英哲之俗，所以兴起后士者至矣。机汽虽粗物，然轮船、铁路，凡百制造，以缩地通天，开物成务，变化一切，实皆赖之。自汽机出后，变一新世界，皆华忒之功也。自华忒出后，新器之兴，自西一千七百九十五年，至今十九万五千具。而华忒自一千七百八十七年创始之，自是旋乾转坤矣。汽机力加于人力三十馀倍，故一切加三十馀倍，缩三十馀倍。虽光电诸学有以佐成之，非一人之功，然华忒未出之前一世宙，华忒已出之后一世宙，具大法力，转大法轮，以有功德于世，孰有若华忒者乎！吾今日游，触目随身，无一非汽机之用，即无一不受华忒之赐，宜英人以为复生日也。美哉，禹功！不能不拜下风矣。得诗：

汽机创自英华忒，水火交推自生力。汽船铁轨自飞驰，缩地通天难推测。万千制造师用之，卷翻大地摇天极。百年之间器日新，凡十九万五千式。力比人马三十倍，进化神速比例识。穷山野人地铺毯，琉璃作杯潋滟碧。云际峰峦辟苑囿，转车骤上无顷刻。世界随兹忽转移，如辟诸天生羽翼。我今周游全地球，足迹踏遍廿馀国。文野诡奇尽见之，吾华前哲无此福。游苏格兰见公像，惟公赐我生感激。巧夺造化代天工，制新世界真大德。华忒生后世光华，华忒未生世暗塞。美哉神功在地球，永永歌颂我心恻。 赞瓦特诗

游博物院

四周用铁柱，三层，椭圆式，上盖皆玻制，颇新异。 游博物院
有比利时古塔，乃廉市庙中者。一印度地中碑。其西班牙

中国牙雕等物

回教庙缩型甚瑰丽。吾国物亦颇多，有一全象牙，数尺，皆雕山水人物，极精而瑰伟矣，吾粤所制也。若能推奖之，则吾粤牙工何让万国？珐琅数尺，重器甚多，有大盘数尺，色采妙丽。其宋刻漆龙瓶，高三尺，亦难得矣。有波斯瓷，极似中国，其白者竟似定窑，几于不别。盖波斯与我通至早，而瓷制之传于外国，自日本外亦波斯为至先，宜其精也。

游拉士高

游拉士高

各国工厂以英为创先而最盛，英之工厂以苏格兰为著，而苏格兰之工厂又以拉士高为至众。其在英伦，则柏明谦市为最。故特往拉士高观焉。二十七晚五时，自噫颠堡往，汽车仅一时许到拉士高。

拉士高枕海依山，人口百八十万，工人居其半，工厂数千，而船厂、铁厂、布厂至大矣。以多工人工厂故，故道路污黑不甚洁，汽车中尤污。每当日落放工时，则千百为群，弥望于道，真可谓为工国也。方今由农世进为工世时，英之强也，欧美之盛也，轮船、汽车周于大地，而霸大地，惟工之故。吾国所最乏者工也，不知何时拉士高出现于吾国乎？则吾国强盛之日至矣。夜游博物院毕，游衢市，甚闹。小雨泥泞，独游失道，遍步闹市，细阅万货及酒肆、戏场、井市，情状甚悉，命车还旅舍。是日，因遣译人还苏京取物，故独游，亦以试吾英语之能否通行也。

吾国最乏者为工

夜游博物院及衢市

夜游博物院

院据崇冈，四周花草溪河，光景颇佳。院中方二层，左右角二崇塔，体制颇佳。机器尤多。儿童成队游于是，多在动物院中窥玻窗而视，揽笔伸纸而摹写鸟兽之形，多神似者。盖皆小学之童也，肃肃无哗。各国博物院夜皆闭，又皆收游费，皆无儿童游，惟苏格兰有之。所以预教儿童之画学，以为工艺，用意至深矣。吾国可取法焉。

预教儿童画学吾国可取法

二十七日游非咦制船厂

星架坡铁厂总理人呢鯡为书介焉，故此厂总理殷勤请饭。乃往游，厂场甚大，有内河通海，共八十英亩每亩名嗌贾。河深二十二尺，旷地处可容制八舰，河内可容制舰万八千吨者，工人六千，每月支工金四十八万。开创凡四十年。英之船厂，惟呷罗厂可与比大，呷罗后起仅三十年耳。今所制舰凡十：

呷罗厂造舰凡十艘

一英镇舰，一万八千吨者，长四百三十尺，广六十八尺，每小时行十八海里，价值百万镑。工人一千二百，造工至速，十八月乃成。船尾铁长五丈，极尖，以撞船者。船身铁板长丈馀，广四尺，厚尺许，重八吨。虽号称尺许，实夹木板四寸，钢板不过寸许耳。

一德公司船，行于大西洋，往来英、美者，重万二千吨，价五十万镑。长四百七十尺，广八十尺，须工十月，用工人一千。此二舰筑架装，船隆穹如高楼。

一游船，三千吨，价五万镑，每小时行十六海里。

一兵舰，三千吨，长三百六十尺，每小时行二十四海里，工程须十八月，工人六百，价五十万镑，并计炮价也。船尾柁左右加二轮，左右有翅拨水，伸长木数丈，其护叶以铜为之，此乃新式也。

一大快舰，已入河将成矣，一万八千吨，长四百尺，广九十尺，每时行十八海里，并炮价一百五十万镑，大炮凡二十，露台同旧式。工程已两年，再须六个月可成。此至大之舰，吾一一入舰周视之。船首二炮，左右斜置二炮。下有撞，撞木长数丈，以御鱼雷。望之殊不大，以有二丈入水也。

其馀小船舰数艘，不及录。

游机厂

游其机厂，甚大，与各国铁厂同。此厂有日本人学制船者数人，吾华人则无也。其得失可以此观之。凡学船者，以年十五为度，须通普通学、算学、地理者。初入厂，每复日工资五诗令，经年加七诗令，多或九诗令，每年递加二诗令，四年乃受大工。然初入厂，每月补十五诗令可矣。以四年学画则，三年在船上实地练习，凡七年卒业。欲速成，则学画则三年，船上年馀，亦可成矣。顷学者学画则者二十人，作工者数百人。吾国船政学虽创于闽中，而数十年无新式。方今以海权为第一义，若不治舰队，犹鱼之无翅，鸟之无翼，人之无足，不可一步行也。南美小国，若掘地马拉、巴拿马仅数十万人，犹禁华人，而无可如何，无兵舰故也。故将欲保护吾民，张威大地，

方今以海权为第一义舍舰队莫先

舍舰队莫先也。英陆军甚下，而以海舰第一，故霸大地，旗随日月出入，制船之为功也。英治海军不过四百年，而威震地球。吾国无海军，则惟人所吞食而不能报。当法之窥安南也，吾国防边之饷以数千万，但广东乎，未闻一炮响，亦费二千万两。而法人四年开议院，四度遣兵舰来，初仅发五百万佛郎，次年发千万佛郎，三次三千万佛郎，第四次发四千万佛郎，合共八千五百万佛郎，折计当时镑价亦不过二千万两耳，而取安南矣。有兵舰无兵舰之得失若此，亦可以鉴矣。颇怪自道光二十年来，频有敌祸，皆惊其兵船炮舰之奇，而竭国力以拒之。若林则徐、僧格林沁稍能歼其一二船，则举国惊喜，而绝不思大治兵舰，入地中海以报拜赐之师。以吾国人而思不及此也，亦可奇也。及今速治，亡羊补牢，犹未晚乎！否则不知所为计也。

游拉士高工厂

游机器厂店，资本六百万，工人七千，筑厂店费十万镑。织布、制衫裤、制糖、制烟皆备，制分而售合。各国各种用物皆备，价不昂，可采办也。（游机器厂店）

观缝地毡者，以四机轨一走即立成数丈，若手缝须一日有半。每地毡一码三诗令，佳而厚者六诗令，中者四诗令。纸佳者洁厚如玉板，每一百二十张仅一诗令三披尼耳，劣者一百二十张仅三披尼，则贱甚。留声机器价三镑，琴自十二镑至十八镑，各色炉自二十四诗令至四镑，（观缝地毡）

局炉自二十一诗令至四镑，文石立灯高数尺，自十七诗令至两镑，柜略近三镑，软绒大几七张八镑，又九张为一套者七镑，小几九张一套亦七镑。吾国若制之，价当更贱。

工人之价

工人之价，每复日高者二十五诗令，下工十六诗令。其房食每复日每人房租、食用须十二诗令，如有妻，则住所当有一房一厨，每复日须一镑，每镑易二十诗令，则其高工人有妻者仅足，下工且不足矣。若子女数人，则更不足。吾观工人之室，仅容床数尺而已。由此观之，英人至今事畜尚未足。故苏格兰人赤足极多，儿童卖报者皆是。总理派陪游人呢路曾在南洋十五年，其月工二三百，彼无妻无欲，故积得二千五百镑。今有妻矣，银存银行中，每年收息百馀镑，乃得小康。英人之用度略见于此。盖工价少昂，租用亦与之俱昂，其比例与中国之工价贱而用度亦贱，所享受正同耳。惟用物极昂而工极贱，则如墨西哥人，仅拥寒毡为衣与同眠起，而家具尽在是矣。税重民贫，其苦不堪矣。若英、美人工价之贵，而用物亦贵，稍借机器，间有贱物以供衣食。又借尚奢之风以推排之，民无盖藏，但借以享受耳。犹吾国之候补官，外观甚美，而赴饮、乘舆、袴褶甚都，而内已不举火也。

下工入不敷出

观制衣厂

观制衣厂，女工五百，以长桌分坐，裁缝剪熨皆用机，而分业为之。分业愈多，故手熟便而成易，每一衫裤五刻可成。其内衣由纱一织而成衫裤，分身与袖二种织之，织成缝之，每袖一打一小时可成，每一袜二刻可成，皆一织二缝三贴补。作袜者以多针入一圈中，以机转之，一圈立成，其斜足处须用人工补之。制成入蒸气炉蒸之，压平之，凡四机，而折叠发售矣。每衣机值八千元，每袜机值六七镑。

观鞋厂，工人一千二百五十人，其制法略分面、底，为二大宗。先观制底，其牛皮出本地，有来自南美者。其裁皮以二机，底一机，补一机，长短大小各有铁模型，一印下即剪成底样矣。一机开皮孔加钉，一机贯合数皮，一机压实，则底成。乃观制面，一机剪裁，一机剖刮其边，一机缝边，一机穿孔，一机入钮加绳，有线垂之，其钮自上斜入甚巧。一机开钮孔，一机合鞋胇，一机下钉，其钉剪铁条为之，一机合面、底之缝，一机滴油而磨滑之。每一鞋凡七十工，皆分业制之，分愈多，则成愈速也。吾后于美之新藟、波士顿累观之，皆同。加拉吉打及墨西哥华人，尚以手工与争也。 观鞋厂

观制糖果厂，以果入糖机中，一濡即成。 观糖果厂

观制甜果酱厂，岁用果三千五百吨，男女工四百五十。有数尺大方甑数十，下置袋，投果甑中蒸之，汁流袋中，置袋于压机中重压之，汁尽出矣。乃有机引汁入釜中和糖蒸之，视其果甜之量为下糖之分量，蒸成入之于罂加封焉。其渣即以供蒸糖之薪，盖无一弃料矣。此厂仅用一压机，费无几，易办也。 观甜果酱厂

观制烟厂，工人百五十，烟叶皆采于英，亦有自突厥来者，至佳矣。第一机纽碎其叶，其作烟砖、烟饼者，则有砖饼模一机压之即成。其压饼置柜，凡数尺，古法以绳 观制烟厂

纽而剪之，叶叶相接，十叠成团，而布缠之，其剪丝者、作卷者皆以机也。吾国亦多烟草，可仿为之。

观印字机

观印字机，工人三百二十，有作画者，有画则者。其柬行也，机若排针，上铺绒，加水色于绒下即流于针，纸过即成有色之行。其折纸也，加纸机上，流入机一折下即成一折，又旁行亦如之。其钉装也，机一穿孔，一过线，一加花即成。其制纸盒也，累纸数层，而机压成之，再机剪成盒形，三机屈而缝之即成。小盒则二机足矣，加色纸则缝之。

观制木厂

观制木厂，其作花入笋皆以机，工人六百。

观制铁厂

观制铁厂，工人六千，一切与克虏伯同，不复记述。

观制地毡厂

观制地毡厂。游河底隧道，长半英里，穿河底而为之。筑十年，费一百五十万镑，可谓非常之巨工矣。两岸有楼，以机下地穴，牛马车载数十吨者可下也，上亦同。得诗：

游河底隧道得诗

我游拉士高，中横格来河。波平仍渺渺，欲渡唤奈何。宁知凿河底，隧道通前坡。邃长逾二里，黑暗灯不炧。上盖横铁罩，两壁结灰沙。坚固不污渫，行人如蚁过。两极通地楼，深深十丈颇。铁垣转机室，升降在倏俄。六马率重车，直入载无蹉。上天而入地，鬼神应惊诃。河深二十尺，巨舰若丘阿。船从河面驶，人在河底歌。大工费千万，便民理不磨。惟英擅长技，可法宜观摩。

拉士高工厂甚多，观之不尽。以将游美，工厂尤盛，拟于美观之，遂行。全英惟巴明谦市之天忌厂（Tangye Linded Bioinghan）最大，可比拉士高云。

还伦敦

九月初一夜，复乘汽车还伦敦，凌晨到。英士大夫仍多未还，各大臣皆分道出游演说。议员歇住，前次游英之故交也，为介于政府诸大臣，既而俄舰误轰英舰于波罗的海，举国震动，和战之说纷纭，英民咸哗然欲战，政府则忌德人助之，不敢动，于是英民多攻英相巴科畏怯。诸大臣还伦敦，连夜聚议，政府忙甚，而新藟赛会将散，美中人信电交催。少住伦敦十馀日，大雾蔽塞，腥气扑鼻，不复能居，决游美矣，候船即行。大概英士夫以西四月乃大聚于伦敦，过此皆散处。若当夏，则避暑；开收议院时，则政忙。苟不当其时而往游英，士大夫皆散矣。欧美皆然。 还伦敦

游叠地画院

院为英国家地，各画皆英之糖商显理铁所赠出，水粉画甚多。有作占士第一大去其国时画，至海边下马，率从官十人，欲渡不得，情状凄凄。水粉画可近视，无油气，甚类中国画，雅妙不俗。疑将来有以加善之，代统油画也。 游叠地画院

游必多诗公园

此园以花胜，花木会即在是，以玻为厂。巡菊花棚， 游必多诗公园

欧土一切花皆自中国移植

中国菊花人多好之

花高下列如山，大如盘，色色具备，有圆球者，有绿者，有绿心者，灿烂芬香，菲菲袭人。欧土一切花皆自中国移植，固知中国真为花国也。菊尤中国最繁盛而著名者，人家亦多好之，京华士夫尤甚。而吾粤所种，率以平整匀称为主，朵又极小，色仅红、黄、白、玛瑙四种，固不足道。京师种菊稍有扶疏之趣，色样亦多，而皆极小。及在日本，故相大隈重信伯爵邀游其园看菊，及观浅草公园之菊，色多而朵大，已过中土。及观伦敦此园，花大如盘，色样种种，皆奇绝，乃知菊之本性不可尽。而吾国自产佳花而草率栽之，不能尽物之性，移于英、日乃见天能，而英人尤能善发其性。故同是菊也，呈此异观，乃叹中国数千年来于物理、政化皆草率，而未致精尽。待他国移植而发明，皆过于吾国，并类此菊也。吾观于意可磨、法里昂之治蚕丝，法赊笔之治瓷皆然。呜呼！吾国人何其深负天产耶，有子弟而不教，而使糊口于四方，久则忘其祖矣。嗟夫！

他花亦甚多，花室回环十数，并缠藤蔓，园中有湖，湖中有岛，小舟雾集，风景潇洒，至佳绝也。

游娇园

花草玻厂

在十五日也。距伦敦十馀英里，花木为英国第一，学花木者入焉。园大数里，院亭颇多，芳草青青，众香烂烂，应为英国园林第一焉。中有行宫，深锁绿芜，望之窅奥。其花草玻厂甚高，多有大叶高枝焉。大地草木之品皆备，以供学者考察，故玻房甚多，皆以藤缠之。花为一玻室，暖能结果，藤蔓为一玻室，凡一种皆自为一玻室。美矣，备矣，繁矣，伙矣。各玻室皆有玻罩、暖气管，故墨西哥之碧莲，叶如茨者，及东方植物皆可生焉。其大地树木为一院，遍陈种类，枝叶干身皆有小样悬焉，周于窗壁间。英人草木之学能精赖是。自此院卒业者，乃能赴各属地管花木焉。吾国花木为大地之冠，其繁赜精美真无有比我者也。惜哉！花木谷草之学未开，而植百卉之院园未设，读《葩经》《尔雅》皆不知名，况论物理学哉！国华宜发，物理宜明，此亦岂可缓乎？

国华宜发物理宜明

吾国之花木，以吾粤为至繁美，四时皆花。吾游罗浮，烂熳山谷，异草珍花，多不知名。南洋虽复多花草，而地小而散，不若吾国地兼三带，植物尤备也。自馀冷带之国，不足比数。印度皆原野而无山谷，百卉自少。窃谓大地万国花木，以中国为第一；中国花木，以吾粤为第一；吾粤花木，当以罗浮为第一。罗浮终年云雨不绝，故遥望深绿接霄汉，昔人贵之，称为仙山也。山奇异，实兼三带。山颠冻甚，矮松不高，为冷带；山麓青绿，为温带；山下碧稻、蕉竹相望，为热带，无物不可植焉。其前罗山，周数百里，千岩竞秀，万壑争荣，飞泉喷薄，林木幽幽。宜圈出为一大公园，遍购大地万国之草木、鸟兽而驯植其中，置植物大学校于水石佳处，听学者就肄业而讲辨焉。粤人足迹既满大地，但一令捐赠，则异物立备，此必为大地第一植物囿，无与我争者矣。以视美国之黄石

吾国花木以粤为至繁美

园，大且过之，而精美尤过之远矣。次则羊城北白云山麓，蒲涧上下，地宜种植，亦可兼三带之物，亦可圈出为植物公园，置植物校于是。此则次之。其花埭，千年种花名迹，地宜种花，更可因其土宜，以全岛专为公花园。今万紫千红，穷极其胜，既备游乐，且穷物理。即论工商之业，亦可大增焉。其北京之丰台，宜公花园；苏州之虎丘、邓尉，杭州之灵隐，江宁之莫愁湖，皆可为至佳之植物园者也。吾国人岂可负此天产哉？

游生物史院

游生物史院

九月四日，游生物史院，英音曰呢虎希士拖利。生物而称史，盖杂存之，而考进化也。此院结构精工，门为重深无数柱式，各柱刻鱼鸟波形。院凡三层，物形极多，僵石极多，盖亿万数，以英地域遍于五洲，故搜罗各地之物质最富，以亿兆计。于横大厅中，分列名长室，以庋各物，而分类辨置之。富伟夥颐，诚万国所无，于此乃叹海王之盛大也。英人既为物质学开创之祖，而以得新地，故物质之陈设愈盛，则物质学愈盛，而新理、新器、新地愈增，展增相生，遂为地球第一，莫之与京焉。宝石繁夥，全球皆有，无色不备。就中最精美者，墨西哥之碧白石，波斯之蓝石，乌拉乖之波碧石，皆如玉。南非之紫金石如猫眼，俄之绿云石最佳矣。澳洲之阿巴拉碧白石如玉，尤奇，置醋中能行。有翠玉数尺，花彩极佳，可称至宝矣。矿质尤多奇形，有黄如高丽参者，有紫若猪肠者，有若麻

英人为物质学开创之祖

布一匹者，有白如雪枝而生红花者，有如燕窝、鱼翅者，率花树枝叶僵成者多，故诡异文美，无所不有。

所陈人种略备

所陈大地人种略备，足以考文野之界焉。惟欧人只列瑞典、挪威，馀国不列，自贵其种，不齿于物也。非洲人种以华波为美。南非之咩阿利人，面有花纹。南洋群岛中，般鸟人相好颇佳。

所陈猿猴猩猩至多且备

所陈大地猿猴、猩猩种类至多且备。猩猩鼻极扁，面极阔，口极大，人中极长，额多毛，无天庭，目圆，眉骨甚高。猩猩全备人体，去人至近，人之进于猩猩者，仅在有尾与否耳。有尾，则血横行而不能立，脑为血所倒注，睿智遂迷；人无尾，则能立，而血不能倒灌，故睿智不昏。今试以人横卧，而头倒垂，不一时即昏迷，以此知血之不可横行而倒注于脑也。人猩之别，相去一间，而人遂自贵于万物，而不肯于物齿，奄有天下，能自制作，遂称三才，而上与天齐，自贵其类，而生杀万物不偿其命，以为宜然。区区少一尾之故，而贵贱判若天壤。若此男女，亦同为天生之人，亦以形体少异，而尊男抑女，不许女子仕官、学业、议政，甚至不许外游接人，乃至若印度夫死则妻焚而殉之。其他古今立国君臣皆以力智少差，终身为臣仆，否则诛夷。

甚矣！物类之不平也。心思、形体少有高下，则存亡、主仆之界等现焉，此天理也。圣者以平等救之，聊以拯弱者，乃以人矫天济物，不得已而为之。今论人类种相之等，立猩猩以为本，其淘汰而变至反异者，自猩界化人极，久经无量变迁而化成者，程度最高者也。其与猩猩近而相类者，其自猩猩化人而未远，故淘汰变迁甚少，而智慧之程度亦最下，全地人类可以此立表推之。澳洲土人鼻极扁，面极阔，人中极长，去猩猩最近。非洲黑人亦然，天庭窄，眉骨高，皆去猩不远者。以吾所见，南洋之巫来由人、台湾之生番、美洲之土人、西藏之土番，亦复面阔，鼻扁，人中长，口大，此皆野蛮。而文明国人则相反，面圆而不平、扁、阔，中小而不大，鼻高而不扁。其聪明贵达之人，则尤天庭高广，眼长秀，眉骨平。就其中又分等差，则欧人鼻最高，天庭多高广，额多圆，人种诚美矣。阿刺伯、波斯人亦然，惟自少圆。印度人亦同出阿利安种，鼻甚高，惟目太圆耳。吾国人鼻不扁，口不广，面不平阔，天庭不窄卑矣。然鼻虽不扁，而高不若欧人，口亦不甚小，下唇多不兜上，此少劣矣。惟日人多扁阔之面，而吾国无之。此皆可验进化之度焉，以美洲黑人考之最易见。黑人多与白人交种，视其交之代数，以为其形变之等差，故有鼻自扁而渐高，面由阔而渐圆，口由大而渐小，天庭由卑窄而渐高广，眉骨自高而渐平，错杂变化，而日就于美。美国人种日杂，而相好日劣，此由以劣种变之也。此可得进化之法矣。

以世界人种立表推之

今遍观大地人种，以高加索为最美矣。鼻虽小而高直，口极小而下唇上环，无眉骨而天庭高广，目长秀，与猩猩之形状相反至甚。他日之进化于高加索人，貌更美，未可知，而在今之时，则未有过高加索者也。次则瑞典人

世界人种以高加索最美

矣，再次则日耳曼人矣，再次则罗马人矣。吾一不解高加索人之何以远于猩猩若此其甚也。以开化之程度论之，吾国与印度、埃及、巴比伦为最先。先开化者，骨相宜最文。日耳曼开化最后，瑞典尤后。后开化者宜其野，而瑞典、日耳曼相好甚胜，何耶？且罗马开化亦后，而二千年邦卑古画，罗马相好，极美，鼻直，口小，头圆，与今高加索等。是时，罗马甫经开化耳，而美已如是，此又不可解也。高加索在二三千年前隶奔多国，未见名物，但隶于巴比伦、波斯耳，而人种至美，又不可解也。以吾所阅验形相，美恶亦有地焉。生赤道之下者，相好渐恶，与其颜色相类，吾遍历南洋、印度十馀国，所见所证固多矣。又若贵州毕节县有一湖，其苗人居此者环三十里，皆秀白，出于其地外者，则变异矣。同在吾粤之羊城，在城居者，有丰颐广額；去城北十里白云山中，则黄折瘰疠。岂非其地为之耶？生湖州之人，则红白与欧人同。而荷兰近海之人，亦秀出于欧。然则瑞典、罗马之美，以其近湖山之秀耶？高加索之美，以其生于北地，而又近黑海之波澜耶？

罗马人相好极美

人之美恶地形使然

要之欧人之秀伟白皙，由生在冷带而近海，乃地形使然。蒙古开化岂不早？而人形粗恶，岂非地近沙漠为之耶？吾咏欧洲诗曰：“地中有海生人白，二者天骄我不如。”诚以地形为之。地形之与人种，二者皆有变易人形之势。他日吾国收治外法权，听内地杂居，则欧人最爱吾国之地温暖而美服食，必纷纷其来，而通婚易种之事必大行。黄白合一，人相加美，必于一二百年后大见之。将来

通婚易种之事必行

人种之争甚剧，以此平黄白之争，而奔就大同之世，其在是乎！此将来莫大之事，其在此耶！

旧世界之猴，有绿面而鼻长能掩其口者，生于般鸟，今无之矣。西非之猴，有蓝面红鼻者，后臀亦蓝。猴多类尤鸟。几尼猴额带白。四川一猿，鼻尖高而向上，其馀猴诡状甚多。各国莫备于此，盖考生理学之次序，由猴进至人，故须备极其类，而后可得也。

由猴进至人须备极其类而后得

其南美生物之异，有似牛而无角，似熊而上唇长数寸者，名梯罢。有大羊似犀，其角长尖二尺，有角曲纽而身有纵横白线者，古谓之羱，此其别种耶。

南美生物之异

海物乎，英为尤备，而荷兰次之，无所不有。蚌壳多五色，而有突枝四出，红白如花。亚拉比亚之大龟，数尺者无数。印度龟壳大六七尺，皮厚寸许。大龟入海则生四翅，盖易地积势则形变异，海象、海虎、海马、海狗之四足，皆变扁而为翅，亦其积势积时而变成焉。

海物无所不有

其虫鸟巢之好栖山岩、海草、屋瓦、树穴、树枝、树杪，皆为其物，及何树何草贮玻橱中，使人一望而知，既可识虫鸟之性，而因所巢居而得何种，益成何种色性，亦可一望而知焉。所以考物理而为利用前民者，至多且便矣。其蜂窠、蚁穴，有大尺许者。士批打虫如蚕，以丝结叶。有如囊者，中分三四层；有如挂钟者，分十馀层。

虫鸟之属

此院生物诡状异形，不可胜录，姑举其至异者，以资考识新理耳。入门即见达尔文、赫胥黎石像，为之欣悦，如见故人。赫君发天演之微言，达生创物化之新理。哲学

见达尔文赫胥黎像如见故人

既昌，耶教上帝造人之说遂坠。他日大教之倒以区区生物之理，此破落之所关，亦至巨哉。二生之说，在欧土为新发明，然鄙人二十馀年未读一字西书，穷推物化，皆在天人自然之推排，而人力抗天自为之，已与暗合，与门人多发之。故于二生但觉合同而化，惟我后起，既非剿袭，亦不相师。惟二生之即物穷理发挥既透，亦无劳鄙人之多言也。东海西海，心同理同，只有契合昭融而已。然子思曰，天之生物，必因其材而笃焉；栽者培之，倾者复之。赫生天演之义也。庄子曰，程生马，马生人；万物皆出于机，入于机。达生物生人之说也，吾华先哲其先发于三千年矣。何异焉！

达尔文之学说庄子已先发于三千年

游保罗庙、窝丽士画院、套亚故宫

九月五日，游保罗庙，有图，英人夸为大地第二者。入视之，藻井壁柱皆用白灰饰，柱方甚大，然朴甚，一切皆无雕饰，亦非极崇闳，尚不能比美于荷兰、法、德、奥，更何问于罗马。罗马金饰藻井之大庙为不下百数，此真无足齿数，乃妄得名。英人之自夸如此，欧人多然，闻其说，动言天下第一者，当审之。

游保罗庙

游窝丽士画院，院二层，后院有庭，环廊。楼上下皆穿室，白底饰金，与王宫无异。后院左廊尤丽，壁盖及地皆五色花瓷之瓦。窝为议员，以其宅舍出，故供其像焉。藏剑甚多，有玉晶作首。珐琅大鼎二，中国物也。晶品、金器甚多，金牌有大径尺二寸者，刻牙有极精者。木雕之

游窝丽士画院

小塔庙，精妙入神。杂宝饰金珠无限。几多古画，以金饰绒为之。盖欧美富人多舍家而公于众者，以子孙守之，不若众人守之之尤可大而可久也，而众人因得增见闻焉。吾国人不可不师之。

游套亚故宫

十六日，游套亚故宫，古王宫也，至楂理第二居焉而止。今为炮垒，藏古兵甲，宫极朴，无雕饰。城垒峻石为墙，雉堞回环，高方圆不一式，极诡异。盖欧洲经封建世，战争最多，故君主诸侯之宫皆峻垒列城，以备防守。吾游欧土所见最多，所购垒图亦甚多，形式亦最诡异。中国城堞皆方直平板，无异式，以太平世多，战事少见，而又无封建故也。计春秋时必不若是。此宫于无数圆垒中有一正方垒，四角着塔。垒墙内为道，内又有垒，重垣深严矣。有水门以通外，后以作狱，即以为狱门焉。城门庳小，如中国县城。其一楼藏刀剑、弓矢、枪、甲胄，以兵器叠作花，十刀为一叶，二十矢为一蕊，大六七尺，极瑰异。再上顶层，藏古士、马，皆衣铁甲，戴面具，遮蔽极密，仅露数孔。一室藏楂理士第二金器，以铁笼罩之，刀、剑、盂、盘凡数十事，剑多有镶钻石者，金宝璀璨。其能保守久远，亦难得也。门有卫士，衣古卫士装，胸绣王冕及花，甚瑰异。祈殿纯石为之，甚朴。可推见欧土二百年前王宫矣。即中国禁城，有雉堞，有观辟，亦出于营垒之制。衙门重深，亦出于营帐严卫之馀。统大地君主及贵人宫室仪饰，皆出于军营之馀。盖据乱世自卫之法，及将帅自重之仪也。盖大君皆出于武人，故演军营之馀风以为国治也。此于平世文明之义旨，实相反矣。

游巴士拿忌连画院

画颇多，有文木镶成者最新异，曩于柏林画院见之。近者画境日新，日本有瓷瓷画，欧美多以花鸟真物干之作画，其底略以纸布衬而点缀之。若织画，则罗马出之，数百年盛行欧土矣。又多有以铜铁铸成实质者。中国铁画出于明世，但太单简耳。罗马有“摩色”石画，古希腊已有五色文石砌成之画。而五色文木砌成之画雅淡无痕，尤为精妙矣。吾国于画术本最重，惜不能日出新奇也。有玻璃画，虽黑，亦甚光，其彩射人。

游巴士拿忌连画院

游娇路苛藏书楼

石室颇有雕镂，左右七柱，柱内庋书，有小梯上楼取书，堂中陈桌甚多，以备阅者。前座为阅报处，陈报甚多，各国略同矣。此楼藏书一万三千卷，借读者不取费，盖小藏书处专以便市民贫士者也。美迦利忌以借读于市中藏书楼而开智慧，故富后施舍二万万为藏书楼，凡一千二百所，吾国不可不采法焉。其便民开智多矣。

游娇路苛藏书楼

游蜡人院、地质院等处

二十日，游蜡人院。有英前王各像，为中座。其近今政府，若格兰斯顿、沙士勃雷、巴科、张伯伦皆有焉。各国名王，若华盛顿，亦有像。吾国穆宗及李鸿章与一茶商

游蜡人院

像立焉。穆庙像乃朝服著鞋，其苟简不识吾制若此，其见轻则不待言也。内有食店，雨难归，即晚膳于此。

游地质院

游地质院，石筑三层，环楼为廊陈之。石物甚备，各色宝石矿质夥颐。所作地层缩型可开合，每层地层形色皆一可实验，此据英国之地层也。

游两新画院

游两新画院，院甚小，仅数室，今之有时名者置画其中，以竞名耳，不足观也。然入者人收一诗令。凡各国时人画院皆小而不足观，略同。

游堪兴坦王宫

往游堪兴坦王宫，已晚，不及全览而出，将去伦敦矣。游海囿、贤斯睦真囿，循太吾士河而归。

离英赴加拿大

同璧女先一日行，预期访美国驻英公使□□，电美外部，得复电，许入境，乃能行，于是分行李交璧先带入美。吾以加拿大保皇会电招，故先入加拿大。吁！美人之防禁吾华人至此。虽以同璧，亦必当请其公使，扰其外部，致电纷纭，然后得入，何许予之不惮烦？

美禁华人入境

自伦敦往利物浦

二十二日十时，自伦敦发行，乘汽车往利物浦。吾于此道，凡三往复矣。凡四时许可到。道中原野弥绿，小麦青青，花牛满野，红墙楼阁弥望，与己亥四五月时经过风景依然。但老夫忧国馀生，须鬓班白，非复畴昔矣。数年以来，龙血元黄，几经桑海，行十万里，不意重来，感旧永怀，叹息弥襟。得诗一章：

往利物浦道中诗

又别伦敦渡海行，汽车烟袅作雷轰。丘原弥绿牛羊牧，楼阁飞红市道平。风景依然吾老矣，海波历遍月将生。重游利物浦园囿，花径寻来眼更明。

同车有英伦卖马者，言英伦马价最上者一匹三四千镑，最下者四五镑。英国马甚大而不骏，其世爵富商所爱马率自阿剌伯来，或阿剌伯传种也。吾国南方马极劣，而北方口外多骏马。行经流沙，马蹄愈瘦，而身不肥，颈自长，臆自轻，亚拉伯马之佳绝，以有沙漠耳。吾瀚海万里，若以牧马善其交种，或可以骏马雄绝大地。此各国欲发愤不能，而吾国无之不可者也，惜当涂尚无远略及此。

吾北方口外多骏马

五时到利物浦，乘车出游，重寻旧迹，访利物浦公园。惟晚色昏黄，未能畅游而归。英武弁陆军中佐电约游阿模士庄船炮厂，须于翌日六时早行，五时须起乘汽车矣。

抵利物浦

二十三日十二时，到臬加士大市。道经城市甚多，皆烟筒相望。英陆军中佐来车场相接。阿模士庄厂司理人分拿多那部（FURNADO NOBLE），年七十馀，接入厂陪游，极殷勤。自称此厂自一千八百四十七年开创，彼即为司理人，四十四年云。此厂工人三万，分七厂，资本出一人。初创时工人一千二百，今二十馀倍矣。炮厂工人二万四千，岁制出炮三十。船厂工人六千，后创至今三十年，凡成八百船，有中国定制之船型犹在焉。厂大如一城，无所不有，烟筒如箸，烟云蔽天。遍观各厂，亦与克虏伯同，惟特运炮于外，发以示我，尤为明白。台舰之大炮，行营过山小炮，亦略与各厂同。此厂最精异者，在英国行营

游阿模士庄船炮厂

炮，英以之破法国者，长约五六尺，径三寸，体四方，分三截合之，放炮用转轮，开阖捩极速，磨刮极精，此炮国例不许售于外也。

自利物浦乘英船往加拿大

九月二十四日，自利物浦乘英船往加拿大。船重万吨，长四百八十五尺，广五十七尺，日行仅一百二十五诺。自利物浦渡大西洋至曼梯阿，凡二千九百五十七海里，当中国万馀里矣。水手百八十人，上舱二十，中舱六十，下舱二千人。下舱俄人为多。若自利物浦往哈利非吃，二千六百诺，须八日程。英邮船极缓，此行月小，直至十月七日乃到曼梯阿。于是大西洋凡三往复。中途见冰山凡二，自北海之冰流出者，白雪皑皑，瑶台巫峰，峭削百丈，浮海而来，诚异观也。吾于是再见矣。

英国语言未能一致

英国语言未能一致，斐尼士人通英语者百仅二十，即阿尔兰、苏格兰通英语者，然每百人中今尚有二十五人不能解英语者。吾在客舍亲问一斐呢士女，其通英语仅数语，再问则不能答。夫以英国地土之狭，小学之多，铁路之多，且开辟已数十年，而言语之未能一尚如此，德国更难，奥国抑无论矣。吾国语言之异，只有音转，文学既同，但铁路一通，学校遍及，不及五十年可使全国言语一致，故进化未有易于吾国者也。

中国不及五十年语言可以一致

伦敦之俗，谋财害命者日月皆见于报，汽车与公园中皆贴提防剪绺等字样，以防游客新到而不知者，其多可想。棍骗之术尤盛，市里旅店之中，衣盛服，戴钻石戒指，冒认大商，赠假宝石珍器以订交。乃至有妇女第宅宏侈，首饰珍丽，应酬极阔，人皆信之，展转借贷千万金，又展转亏之，若是者二十年，银行夥乃至为之自缢。共售伪首饰，及养灵犬以盗珍物复吐之。甚至有以世爵女夜行卖淫于道，价仅五镑。盖尚奢之俗使然，内贫而外侈，故奸诈盗伪出于不得已者耶！其东伦敦皆贫人所宅，室道既污，棍盗相望，携巾与时表而游，转瞬即失，顷刻即悬售于店中，其无耻而猖狂尤甚矣！英政府虽岁恤贫人以百万镑，而愈恤之而愈甚，亦卒无善术以弭之也。

内贫外侈奸诈盗伪出于不得已

补英国游记

此篇作于 1909 年，据上海博物馆藏手稿。

吾于英游，十年之间凡四矣。游稿累成，既乃复失，久懒补述。然而英者为宪法之先河，而欧土先创文明之大国也，其政俗所影响于大地者甚大，是岂可以已乎？乃略其琐文，而补记其有关系之大者，不能复如前之详备也。

补英国游记

吾戊戌八月九日乘英国重庆船到上海，将至口外三十里，则英总领事璧南遣工程局长濮兰德来船，持吾像访余，告以奉伪旨逮捕事，因出上海道交出之密旨，称吾进丸弑上，已大行。即欲投海，濮兰德谓上存亡未知，不可死。上海已遍布罗网，不可入，英国已备轮船相救。乃扶绳梯而下船，英国乃调兵船护送至港，于港督署见其前兵部大臣子爵柏丽斯辉，慷慨以救上事自任，因约往伦敦。而日本宰相大隈伯电请游日本，乃从日本行。至己亥二月乃往英，道加拿大而至英伦。

英兵船护送至港

日本宰相大隈伯电请游日本

光绪二十五年四月十日三时至利物浦，夜八时至伦敦。道斜滑覆车，伤吾胸，就近投客舍。柏丽斯辉遣其书记来谓，与吾大臣相见，不可居客舍之小者。因询费足否，请移居于其园，而先代租诗士大客舍一厅三室一浴室，费日百诗令，吾实力不逮，而以方有事，故不能不强支也。柏子殷勤相助，先是，柏子游日本、德、美，欲约三国合力助中国，皆未成。而柏子乃又进步党魁也，与当国之保守党不相能。保守党沙士勃雷方为相，吾约见之，而沙士勃雷先惑于其党驻中国英使窦纳乐之言，窦纳乐不知中国内情，为荣禄所卖，于是柏丽斯辉之说不得行。及议院开议，保守党主不理中国事者多十四人，进步党员少，遂败。柏子深恨窦纳乐，骂其出身于兵，不知政体，而怪沙相误听之也。吾以不得意遂行，五月乘船复还加拿大。乃始开保皇会，以求人无权，不如求之己也。此行以事等秦庭之哭，不及记游，事变而曲折甚多，有关于君国者，事皆不成，亦不复谍谍也。

由日本道经加拿大抵伦敦

还加拿大开保皇会

去英伦五年，至光绪三十年甲辰，游意、奥、瑞士、德、法，以六月八日复至伦敦。夜渡都华海，望见炮垒，灯火森列，海波浩渺，仅隔水八十里，如一衣带，晴明两国壁垒可相见，而夜深灯火可相望也。以此八十里海故，产出种种非常异事，震动大地，开发文明，且以遥遥绝域数千年神圣之中国，亦赖此八十里紫澜以为之隐庇默护而不沦亡。噫！岂不异哉？倚楫中流，凭阑太息，素月半轮，波影相照。追思鼐尔逊战破拿破仑而死时，此月亦相照也，令吾发思古之英情，生地势之异论焉！

去英伦五年再至伦敦

英之强盛实以岛国不连于大陆故也

今论者以英之强盛，政治之创美，工艺之先精，啧啧道之曰：此由条顿种人之强毅活泼好自由也，条顿盎格鲁种人能自治也。然德意志岂非条顿种之宗邦哉？萨逊岂非盎格鲁之本种哉？即至危弱之奥、德种人尚千馀万，其他诺曼种人遍于欧北各国。何以立宪之政，工艺之精，不始于大陆诸国，何哉？以此知谓条顿种之尤能自由自治者非也。盖英所以为守宪之先河，为工艺之先达，实以岛国不连于大陆故也。

大陆王侯以兵为国不知政治

昔罗马之政，文明仅在其三十里之京，意大利虽其本部，仅服戎出租，馀则羁縻而未开辟，如吾之蒙古、西藏等耳。自罗马解纽，峨特南侵，全欧大乱数百年，文化扫地，耗矣尽矣。沙立曼虽创业一统，而起自佛兰觐草昧之地，以兵力立国，如元、魏、辽、金、蒙古耳。既大封群臣以为部酋，而北人方为海盗，日作边警，洽本榛狉，未识文明。奥、法分裂，日寻干戈，上则有教皇为牵掣，下则有群侯与竞争。故千年以来，大陆王侯惟有躬擐甲胄，跋涉山川，以兵为国，不知政治。夫以兵为国者，奴隶其民，丘甲其赋。以严酷为政，压抑其下。以戈甲为器，无事美艺。其与立宪自由、通商惠工皆最相反者也。又以近世言之，条顿种人之正者莫如德意志，而德意志之主为普鲁士，而普开国极北，自其先王大威廉、大非猎累世以来，穷兵黩武，东征西定，以有于今。自彼十八、十九纪开国以来，奥、法、俄大敌频窥累至，无少休息，以故用兵日精，屡耀其武，君权日盛，服从日甚。立宪自由之

国大民多无能产生宪法

理，何从而天降地出哉！且国大民多，亦无能产宪法者也。

德意志与法分裂后，实兼合德、奥、意三国之壤，地半全欧，在新旧教争时，人民已三千万，故死者至有千八百万之多。当铁道未开之世，安得而聚集人民以大开议院哉？法虽尝召群英而公议政，然法之君权方且日涨一日，所以集议者，乃欲煦民为削侯之计，非开诚布公以为议会之谋，故迹愈类而去逾远也。惟意之嗗尼士、佛罗炼士诸市，以商为国，真有民主宪法之生存；而瑞士二十二村、汉堡诸七十市府与之相应和，皆以弹丸入市国。上传雅典、腓尼基民主之政体。此则欧土环海为洲，港汊歧互，适丁诸侯争乱，故得以别体争存。其伏流所发，乃为美洲新政体之基，而于大地万国立宪之本原，政治之先型，究不属焉。

惟英僻远，在西北之岛，立国千年，与大陆之会盟征伐渺不相接。其岛内之兵争，惟有苏格兰；其大陆之兵争，惟有法国；若与班、荷争，则远在其后矣。英以岛国习于水战，故其十三四纪与法争者，几灭法国。而法虽有英主如路易十四、拿破仑，亦无如英何。路易十四且岁赂数十万金于英，以免其助邻兵也。故英之为国，自非初未开化之时，稍为大尼萨逊诺曼人所服，后垂千年，未尝有外国之兵能一破其都而少躏其国者。此与日本之立国东亚正同，虽以蒙古混一亚洲之力，而范文虎十万之水师卒无如日本何也。盖其所恃者，以海为池，以岛为城，故虽众

英与大陆会盟征伐渺不相接

英国日本未尝有外兵入侵

无所用之也。是故以岛国之故，得从容自保，只有君臣之内争，而无外警之迫切；故贵族得以敌其君，民生得易以自由；其文化虽后，而与大陆近，得徐以取人之长。此其大原因也。

以是原因，故有数果。条顿上世会议之俗，乃今我瑶、黎、侗通行之风，吾粤乡曲械斗之事，非足为贵异也，故一入沙立曼一统之国，而灭绝不行。惟其入于英也，七酋之时，人十数万；及威廉未造，当宋南渡时，全英人民仅百七十万耳。乃至康熙初，威廉第三入英时，人民不过五百万。夫其立国千年，人民不过吾一大县，而又有世爵大地主万数，以与其王相支柱。当威廉第二、显理第一之时，尚无法度、无刑例，故得设陪审人以证定而判罪。王仅有百馀万众，战争频仍，奢欲无厌，则日求金于其下。而其下之贵族、公臣、大夫、大夫臣士各有隶民，王不能直取于佃农也，必问于有地之诸侯大夫，诸侯大夫有地者既以万数，自必合力成党，而不任王之横征苛敛。

约翰大宪章与显理请愿书

故约翰之大宪章，显理之请愿书，乃势之自然也。假令此大宪章、请愿书在德、法也，敌战既多，君权日盛，即贵族有权间开议会，浸假而有选侯之立，选侯地位尊重，亦何异于英之国王乎？而议会断续无力，终不能与民权而成宪法者，则以国大民多，争乱相仍，断无权以下与于民，

中国以经法为治曾限制君权

亦势之自然也。其在中国以经法为治，所以治君者亦有限制矣。明世台谏之伏阙力争，唐宋给事之驳还诏旨，明争大礼议致有空朝者，此其民权党力，亦奚让于英之初开议

会焉？徒以国大民多，君非有莫大之权不能治国，而文治既久，安平日多，君权益尊，此又势之自然也。故立宪之独出于英岛国后兴而民少，一也。

英既地僻民少，贵族之权得与王相争；外患绝无，故得以其权分下；而又内乱相继，君一次为议院所去所立，即一次失权。自红白玫瑰三十年之争，楂理第一之弑，占士第二之逐，积渐而来，故成兹宪法。其间稍有强武之君，若咽活第一、第三，显理第三、第五、第八及女王以列沙伯，即复夺议院之权而行其专制矣。假令英国有若中国，法制早定，纲纪肃然，以立嫡为主，否则立继，世嫡早立，君臣分严，女子无立嗣立婿之争，宗亲无柄政分藩之力，则试观宋、明及国朝千年嗣位之变有几哉？嗣世无事，君位久安，乾纲益振，国事益定，民心亦寡思乱者。若是则议会从何而得权？宪法如何而能立，即有一二强劲之夫，若哥克敢与王抗者，逐之囚之，斯已矣。惟其本出草昧，未有政法，君位不定，争乱相仍，故议会以静制动，以治待乱，因得有其权。积数百年，体遂坚固，宪法永定，民权永伸，议院之制遂为万国师。是则以臭腐而化神奇，其与政法久定数千年之中国，乃为最相抵拒之反比例，无得而言者也。夫六朝之世，一国之君位数争，内乱频仍，则权落于大臣之手，而篡业成焉，以无贵族故也。春秋有贵族矣，凡争位而酿祸乱者，国人亦多立君杀君，若卫人立晋，莒人杀其君庶其。而周人流厉王于彘，周召以共和治国，此亦与英议会之逐弑其君，而别事拥立相

贵族与王争权

议院之制与中国政法相抵拒

同。然亦不能创成政体者，亦以政法已古，一成难变故也。故宪法之独出于英，以岛国草昧未有政化，二也。

宪法独出于英因岛国草昧未有政法

然大地之岛国多矣，何以不能成此政体乎？若西西里，则地太小而不能久自立也；若锡兰，则开化太久而政体早成也；若古巴、马达加斯加及南洋诸岛，则不与有治化之大陆近，而无从开化也。惟日本三岛皆可自立，而又近于中华之大陆，宜有新政体出焉。然而不能产出者，则土地人民颇已广大，王者无劳贪求，亦无贵族合党，王室政体师法中国，亦少内乱，故政权之失落于权将，而亦无有议院之能产。假令大地各国有能产此宪政者，然其国不当新旧教争、新地日辟、机器日盛之时，有汽舟、汽车、电线以张之，亦不能推行于大地万国也。当彼十六纪时，大陆争教三十年，德国死者千八百万，民无所归，争托命于英，于是文学艺术之士咸集岛国矣。于是以列沙伯受而用之，而英之学艺骤兴，倍根之流乃出焉。荷兰侯威廉入主英国，乃挟荷兰之海军商船所历世争之班、葡者，尽以归英，于是英海力骤涨，奄有印度、南洋与北美、澳洲矣。法之大革命也，法之贵族、富家、学人、艺士无所归，争托命于英，佐治、彼得受而用之，于是英之富力才人大盛，而莫与京矣。夫英所以独得此者，以海岛之别有天地，而乱世人所乐托足也。赵江汉走蒙古而理学大开于元，朱舜水走日本而儒学大昌于德川。故英者以岛国安乐之故，为大陆之桃源，坐受而集其大成焉。故以拿破仑之强雄，几混一全欧之诸国矣，当其时，大陆各国，无大无

日本政体师法中国宜可自立

英得富力才人地利而有宪政

小，无强无弱，无智无愚，当之者靡，拒之者碎。而英遣鼐尔逊、威灵顿一二偏师，当大陆锁港之淫威，乘班、葡破灭之凶焰，乃破众舰于海，擒猛虎于陆，波清尘息，欧土复平，则以此都华海八十里隔绝之功也。若使英土连于大陆，则向已并吞于路易十四矣。借不然者，区区三岛八百万人之小国，其能当拿破仑之鞭笞哉？英不能立，则拿破仑必一全欧，如是则挟其全欧之土地、人民、财赋、兵力，与机器之日盛，新学之日兴，席卷全球，囊括东亚，自印度东来，从安南西入，海疆既压，水陆交侵。吾国在嘉、道之间，闭关鼾睡，文武恬嬉，虽草寇大呼，犹能乱十馀省。一旦若拿破仑横天而直下，若葛爹之入墨西哥，秘沙路之入秘路，惊为天神，一鼓而亡矣，岂待庚戌洪秀全之内乱、庚子联军之入京哉？乃以连鸡之势，群雄不得逞，而留我以变法之从容。今吾神州赤县、黄帝子孙，犹得有保国保种之一日，则实赖英岛有此数十里之衣带水以保障之。然则此海也，近保英及诸欧，远之保大地各国，以及于远东数千年文明之万里中国，岂不异哉！区区海波，蒙作天幕，亘作长城，以保我人，叹息嗟异甚矣！地势所关之大也。深思远怀，与月同光照，与海同浩瀚，未知百年渡海望月者，几人同此怀抱也。

游恶士佛（牛津）大学

夜十一时到伦敦，即与罗昌同入恶士佛大学，游数日，其详见《英国学校图记》。

自恶士佛还伦敦

十二日，自恶士佛还伦敦，凡百二十馀英里，汽车一时半可到。沿途小麦青青，红楼弥望。仍居诗士客舍。先

过锡兰访英督卜公夫妇

访《太吾士报》(泰晤士报)主笔等

是，过锡兰时，访英督卜公夫妇。卜公昔为港督，在己亥废立时，曾派警察二十人力保护我者。卜公乃为介绍数书致英之贵显者，至是，持卜公书访其姨公爵夫人。夫人以公爵之第，然亦甚小，与吾昔所访兵部大臣柏子爵之第相比，乃叹吾国京官之寒，亦不足异也。乃访《太吾士报》主笔□□，月报主笔□□，皆英之名士，主清议者也。又访其法部尚书噂夫人，噂夫人有文学盛名，主持女权，其婿为印度部尚书，一子及婿皆充议员，一门鼎盛。噂夫人豪谈善饮，厚意殷勤，延宴观剧，电车请游，介游各地，及见英之名宿焉，乃带游英及诸名胜、海舰及银行焉。见故商部大臣□□，问吾识张伯伦否。吾问张君大名如何？君谓吾虽不同党，未见其长，彼有何才何功，其异党而不相能如此也。

英国监布烈住大学华文总教习斋路士会见记

此篇作于1904年，据全国政协文史资料委员会藏抄件。

光绪三十年九月二日，监布烈住大学华文总教习斋路士先自瑞士令其子来见，赠我以像。既归，约往游。斋君昔为汉口领事，居中国二十年，能操京语甚熟，盖欧人之精熟华学第一人也。著书甚多，为欧土华文导师，吾闻欧人凡读华文者，必由斋君之书以入门焉。斋君之室陈设书画、什器，皆华器也，其笃嗜专好如此，宜其致精审也。性貌醰粹温温，盖为学人。与吾谈学，盛称中国文明及诗文之美。盖其时方译《文选》之诗，而《楚辞》则斋君已先译讫。其寄我之书札，引宋玉词曰："愿皇天之嘉惠兮！及生还而无恙。"吐属渊雅，可谓情深而文明矣。因论及中国之教，斋君曰："五经与四书，皆为理雅格译坏，彼私其教，译非由公。我欧人不知，遂误信之，而轻视中国之教。吾欲为之纠正，而苦恨力有不逮。"吾乃谓君："若能再译，吾当竭力相助。"斋君欣然。呜呼！至

文中称"科举已废"，此文当作于1905年或以后。也可能是作于1904年，康氏后来又有修改。

监布烈住大学华文总教习斋路士约往游

监布烈住即剑桥

矣！斋君之公也。然斋君之明通，安能知此乎？

大道之光非为一时一人

凡此显晦有时，大道之光，非为一时一人，理患不至，道患不宜。一时之盛不足喜，一时之衰不足〔忧〕，好尚必有变迁，得失必有循环。吾夙昔未出游，因就欧美百年来之表面观之，惊惧颇甚，以为其教化之至极盛矣。

欧美教化远不若我东汉及宋明之世

今既久进其国，乃觉彼之俗化尚远不若我东汉及宋、明之世，不过道路、宫室、器用、兵械之良美，乃因新学之汽电发明而遂超我，与教化都不相关也。吾国苟稍能致力物质，自强之后，通译诸经之精义微言，则最切于人道，而为彼土所未能至者。世界苟未至于大同之境，则诸经之教

孔子以人为道切于日常之用

旨终可久远而普及于欧美间。盖孔子以人为道，不远于人，故切于日常人用。今欧美之新义，不过在“利用安身以崇德”七字。诸经多据乱世之文，而今欧美则犹在据乱之时期，欲升平而未之至也。受病既同，则药方亦宜同，故所开药方虽甚古，而皆切合于今之病，则此补养之药方，自当大行，而中国之大医生，尚当遵奉也。日后有志之士欲译经学，或兼典学之职者，其谨之。因所关在吾一国数千年之文野，令人之轻重敬慢，因有在焉。若不通孔子三统、三世之义者，慎勿著笔也。盖不通三统、三世之义而论经，则开口便错。究其极，亦不过为刘歆、朱子之学而已，非偏谬则狭隘，不能包含宇宙而通变宜民，非止阻塞进化、晦盲大道，则为人所轻亦宜也。

与斋君论欧人之为华学专门者

间与斋君论欧人之为华学专门者，甚恨经游时多，未及识之。计法人撤繁（Professor E. Chavannes），曾译《史

记》未毕，其所已译数卷，吾在南洋夙见之。撒繁在巴黎为大学华文总教习。法人古弄（Maurice Conrant），曾译《书目提要》，在里昂为大学华文总教习。法人阁借（Cororer），曾译《中国书目》。德人嘻打（Professor Hirth），曾撰《中国罗马交通记》，今作纽约哥林布大学华文总教习。吾在芝加哥游大学时，嘻君已寄声约相见。及吾到纽约访之，则嘻君已避暑出矣。德人佛兰格（A. Franke），在柏林为大学华文总教习。意人亵噫腻（C. Phini），在意大利之佛罗链士为大学华文总教习。英人噫诗觐（L. C. Hopkins），曾撰《中国学说》，今为天津总领事者。英人巴遽（E. H. Parker），曾撰《匈奴史》。英人梯罅（C. H. B. Taglor），今在北京。荷人的格落（De Groot），久在中国制造局译书，今为卜忌利大学教习。英人傅兰雅（Flyer）今在北京。

此外虽有习华文者，然甚浅云。吾所游各国大学，咨问学华文者，闻德有百馀生，尚未知确否。馀国皆落落可数，不过数人，或十数人。以处地既不关世界之冲，又无日新之学足供人用，苟非游华，不为所须，故欧美人寡有学之者。昔在汉、唐，各国遣子就学于吾者甚多，服吾缝掖，读我诗书。今则吾反遣学于人，俯首易服，不进化则退化，亦可感喟也已。若二三十年后，吾国学子既众，且能自创新学、新器，以行于世而图霸，则兵力、汽船亦将遍及于大地上。是时，吾国文必大行于世界。曾有一法人语我曰：“异日世界将有三种文字盛行，英文、德文与华

汉唐各国遣子就学于吾者甚多

吾国文必大行世界

文也，班文次之，我法文昔为欧霸，后其殆乎！”此甚为知言哉！至是时，各国之入就我国者数当甚众。此则惟吾国人能发愤、能保全、能自立、能自强，而后乃能有此声誉乎！然挟吾广土众民，及尊士好学之风，致此胜境亦至不难也。未知老夫及身得见此否耳。思之感仰，辄不禁为之累欷。

欧美华人之在学者每试必褎然居首

吾遍游欧美大、中、小诸校几百数，而华人之在学者，每试无不褎然居首，否亦必在前列，虽中才亦然，吾甚怪之。吾游历各国，别有大欲存之于心。盖认为我国与欧美人之比较，迥不在乎今日国势之强弱，而在乎将来人种之盛衰。如使吾种而果愚弱，则吾国即使能如匈奴曷拉未之破西罗马，如突厥索立曼之灭东罗马，同于拓跋、契丹、女真、蒙古之强盛，亦终必合于中国，徒为中国之促进扩大而已。是则一时之盛，亦可足恃？故吾种果愚弱，终必与黑、棕之种同归于尽。使吾种而果强且慧也，则如罗马人为峨特、匈牙利所蹂躏，今何尝不为地球之霸乎？故吾日游于欧美人间，所深观密察者，惟在此事。

吾察欧人之秀白颀伟，种诚绝美，而不解入学之败绩于我也。吾始疑吾国人来游学者，多为聪敏之士，此同行军之选锋，以我选锋当彼常卒，故胜不足异，而败亦不足为奇也。又疑欧美学子在其家国，多好佚游嬉戏，不勤于学；而我游学之士，苟非官选良才，即为发愤自费者，远游异国，谈何容易，故少游嬉。以我精勤胜彼游惰，非果我种之能胜人也。然吾观美国中诸市邑，吾华人十万，所在儿童甚多，吾尝调查之。即以砵仑而言，吾国小儿入学者四十馀人。自十岁以上者，学课至下无出九分者；十岁以下，学课之至劣亦无出八分者。若美国之小儿，至高不过八分，低劣者且有至二三分，平常一般则皆为六七分为多。美国小学，必有纸、木、金之手工作业。其小儿学工，动须问难，多乃能了解；吾华小儿听则立解，问难亦无至二次者，作工又复精美。绘画尤佳，故砵仑小学校室之画，皆多用华人所画，无砵仑学生。罗长根言要之甚详，且述美女教师之言曰，华童驯良，灵敏易教，吾甚喜教之云云。美童顽钝动有之。智慧如何，则诚可与白种人并驾。间复遍考埠学课，吾华童各课分数，亦无有下于美童者。凡此一般生长海外之儿童，既非所选锋锐，亦非有所夙知，而发愤勉，然则吾华种族之可追踪于欧人确确然矣。

华童驯良灵敏易教

吾华种族可追踪于欧人

英之学士曾与吾言曰，中国人长于强记，而欧人长于毅思。盖中国人诵读多自阅记背诵，故积渐成习，传种子孙故也。由此推之，中国之读书崇学已数千年，其积成精细明敏之质，理所固然。欧土自开辟以来，仅罗马三十里城中有学者耳。中经千年黑暗之世，惟事战争，自僧众而外，既无学校，亦无读书者，殆绝少识字之人。近顷三四百年来，乃始兴学。以此之故，禀质之美，受学之宜，不如我之滑然而当，亦理之自然者也。要而论之，据吾种种考察，华人之学业，殆〔未〕有下于欧美人者。在美洲之东诸大学，日本学生甚多，我华人学生又皆无不居日人之上者。然则吾种之人，无论为天亶聪明，无论为遗传良美，要皆为世界第一敏慧之种族，而无与我敌矣。夫敏慧则强，愚钝则弱，此天理也。

吾种为世界第一敏慧之种族

夫敏慧与愚钝，初不关于躯干之修伟也。相彼犀象，岂不硕大，其如钝何？相彼印度之宾杂人，今充当沪、港之巡捕者，人所共见也，其修伟亦且过于欧人远甚，又其如钝何？吾闻欧美人之言曰，黄种人思不能毅，而欧美人则反是者，盖以黄种人之脑部不及欧美人故也。夫脑度之大小，人人各异，我见欧美人之愚钝者多矣。今以其制器一日之长，而诩及全个种族，则我自周时之输攻墨守、木鸢飞战，宋偃师之木人演剧，张衡地动之仪，孔明木牛流马之用，南齐祖冲之轮船，宇文恺之行城及阖书馆，金人之开阖门帐，岂亦脑度不足耶？然则我数千年制作、文学之盛，而欧人则千年黑暗，几不识字，又可遂谓欧人脑度不足耶？

敏慧愚钝与驱干修伟无关

欧美人又谓，中国人目不能圆视周正，足湾曲不能直伸；欧人目深则视周远，鼻高则脑力强。吾固最爱欧美人形相之端美者，吾昔有诗，所谓“地中有海生人白，二者天骄我不如”。故吾每见欧美之事物胜于我者，辄常诵此二语以自愧之。就吾种人之形相，诚愧之矣。然谓足不能直，则我由来足直而不湾。印度人固目深而鼻高矣，其强智又若何？且吾国燕人之鼻，多高直过于粤人，而智敏不如粤人，则其关键或不在此耶！

形相与智敏无关

欧美人议论多从实验

欧美人之议论，多从实验，此固倍根最得意之学派也。往者欧美人之论养生，多谓食麦者强而智，食稻人弱而愚。今因日本人一战而胜俄，于是美国之实验学者又谓食稻更强，纷纷倡导食稻之说，近且议令兵士皆多食米，其可笑若此。然美人之能按实穷理，舍己从人，变化极速，固有其当然。而中国之万种事物，彼人多求实验，则欧美人之所谓实验精确者，安知其不又为日本之米也。夫吾国近者凡百败坏，远逊欧美，吾岂敢自谓吾种人之必过欧美也。然学生入学之实验，高下优劣判然若此，则吾正以倍根之法行之也。吾亦无以自解也，然而吾国数千年之文明冠于大地，盖有由也。藉使吾种为黑人，其必不能致此文明矣。

然则今兹之败绩者，盖由一统之故。以一统之故，人心不竞争，君力太压制，遂至不能发扬其聪明。彼欧人者，但以我为守旧泥古，亦非然也。其千馀年之泥古，何尝不深乎？徒以诸国角立之故，乃觅新地；既得新地，乃得新识；既得新识而比较之，则旧识之谬误乃毕见；旧者濯而去之，而新者用以日新，乃奖导之，乃利赖之。夫事有所凭藉则成就自易，以所改易者只少许，而成功立可得矣。吾在芝加哥，闻有能创新德律风者，旧制须由总公司代传，今则人人各自皆能直达。又新创一传电器与电灯者，吾甚神明其人，以为聪明绝特而能制作者也。及游其公司，视其制器，其创作人出见，则年才三十许，蠢蠢然一钝物，曾从电学卒业，但于旧器少拨易一二机而乃得之者。若是则何人不能耶？吾乃笑曰：“欧美之制器人，吾

今兹败绩由一统之故

知之矣。始吾欲求见爱迪生，从此亦可作罢论矣。”

吾游美洲，见吾华人未尝学于工厂，未尝习于工业，而费城梁某乃能自制车头，砵仑余焕和亦能自制电车，表色地一弱冠少年能自制轮船。是数人，今尚为粗工，不过一寓目而即能之。吾已令余焕和专意学电焉。此仅就吾所亲见者，其馀吾所未及见者，尚不知凡几也。然则吾国之弱，吾种人不能悉任其咎也。盖吾历来闭关自守，未尝与他国竞争，未尝入斗智场竞智，则吾国之不能列名于强榜中，乃固然也。直如深山农隐，若王霸蓬头之子，公孙弘牧豕之夫，生子抱孙，耕食凿饮。其与朝市士子之终岁摊书橐笔，竞于名场，夸科第之荣，炫试艺之美，穷工极巧，日益加增者，固若南北之风马牛矣。然令公孙弘十年诵读，则六十老翁立能冠汉廷之贤良科，而王霸应征而出，舍耒乘轩，何让邓禹、卓茂乎？

吾国闭关自守不能列各强榜

欧美之人不尚学业但崇实利

欧美之人不尚学业，但崇实利，英、德尚佳，美人尤甚。国家虽有强迫教育之法，而童子八岁即弃学而执业，虽入学不取脩金，然美人之能入中学者甚稀。盖实利之念盛炽，但能致富，即可得操一切之权。吾所过美洲诸城邑，会见其城主、市长及郡守甚多郡守，吾国人多误译为总督者也。计纽约、费城二城主较有学识，芝加哥、新藟次之，皆以律师举充者，此外率皆工肆之主。若挨利贺之郡守，则以牧羊致富，因而被举。乃至第二三繁富大郡，而吾华人误译而敬为总督者，乃一鞋肆之主，以九万四千之金买众工之欢而被举得之者。美人相与笑其朴鄙曰：“加份拿即郡守也。左置一律师，右立一书记，问之则唯唯左右〔顾〕。”人谓吾曰：“请游其鞋肆则喜。”当接吾于车站，曾一携吾手而游其肆，则亦并无一言。循此而谈，则吾国之超擢某市侩为京卿，放使臣，乃正合美国之俗，不足诟詈也。此其所谓文明矣。美人某告我曰：“我美国尚实利，而不必事学。”吾始见欧美之儿童仆隶，皆以为博学而神明者也，今见美之人士，则恍然知其不然。盖彼辈大富翁、大腹贾，或制器匠，则或所在皆是也。若求其博学穷理，则另觅可也。纽约、哥仑布大学教授论全美人才，以华盛顿卜碌架为第一，而置总统甚才且仁者于第三，亦可想像美国之学风矣。乃但耳食美之富强，诧曰文明。文明，学子多，学校多，试还观于我国，则又何如也？

我国父母多典鬻以教其子

我国无强迫之教育，无不收脩金之学校，然父母犹多典鬻以教其子。我生海滨之粤，而耳目所接、审识之人，未尝见有不识字者。当十五年前，吾教授于粤。粤城全数之馆，大、中、小合并而计之，凡三千校。此皆就门前所贴某人之馆计之。若延师于家以课读者，则无从而知之，犹不在数内也。按每书馆二十人计之，尚为六万人，况在家课读者之数，尚倍于此者乎！欧美人家贫年壮而为学者，盖绝无也，吾国人则比比皆是。故以欧美之大学例之，如英、美诸大学之三千人者，吾若有此大学，必逾三万人，可断言也。是故吾国人之嗜学，虽俗尚使然，殆亦由天性所禀赋。其不如人者，则以所学所习都非所用，人曰事实学而开智，吾曰事八股以锢灵耳。今若废弃八股而

吾国人嗜学由天性所禀赋

废八股而崇科学

崇尚科学，则新知焕然启发怒萌，不可抑遏矣。夫万国之开化在教，莫不自贵其僧。故婆罗门及佛暨耶莫不尊奉僧而传其文学，印度、暹罗、缅甸及千年黑暗中世之欧土皆非僧无学也。吾国惟以士传其教学，兼任官、师与僧，此吾国之士所以最贵而又最多也。

我国命夔教胄在四千年前

夫英开学于四五百年中，德、法开学于三百年中，至近百年来始极盛。印度号称好学，而儿童十数诵读于街衢。我国命夔教胄，乃在四千年前。战国诸子，从徒数千百，汉太学生乃至三万。汉儒之著录，宋、明儒之讲学，皆万数千人，精舍、学宫尽千年物。是我学风之盛，求之大地，罕有其匹。流传数千年学术之书，研精入微。是故欧人多谓吾东洋能言哲学，我游欧美，诸报访事多质哲学于吾。

吾学界已灿之光彼则复生新产

以视欧人，当吾明末乃知去黑暗而复古学。至倍根、笛卡儿出，始黜古而渐放光明。然即上而索格底、伯拉图、亚里士多图，近而康德、黑智儿等等，所发明之心理人道，则一披宋、元、明《学案》，而积牍充栋，人人皆是矣。至边沁之新说横生，乃正因学术之初启，如吾战国诸子然，既无统宗，各抒偏见。此乃吾学界已灿之光，而彼则复生新产耳。然不过如庄子所谓耳目鼻口，各明一义，而不相通者也。英人斯宾塞，兼利心物，学识最为精深，其论穷理尽性，且至于命，吾最取焉。然试取朱子集与之令读，同者甚多。若夫因物质以求物理，此固欧人奇特之新得，诚为吾国所未有。若夫虚学，则吾国所最擅长而绰绰有馀者。而今学者，乃以欧美一日之富强而尽媚之，以为无一不超出吾国者，见吾国一日之弱，遂以为绝无足取焉。吾国最崇祀观音者也。观音作女像，制之以白玉白磁，像必甚美，白衣莲座，相与拜跪而祈祷之。吾粤之誉极美者，则必曰是岂观音耶？吾女同璧，携一女妪从往印度。女妪平日乃虔事观音者，闻得往西天佛土，而欢喜敬仰无已也。既至印度，行数千里，深入至舍卫，睹印之妇女，乃至若王妃、公主者，吾女皆与往来焉，率皆深黑瘠黄、圆肉紫唇。女妪乃叹曰："昔之观音，乃亦如此乎？"遂以经典之神所传乃皆欺人者，于是竟不佞佛。今吾国人之不详考而媚外也，则皆谓观音为秀白而美丽者也。若至印度而深考之，其未有不为女妪之惊叹，且悔而且笑也。否则未尝读已国数千年之书，盲瞽无睹，则骤至印度乃开目也，是亦捧无盐以为西子也，固其宜矣。 不可盲从媚外

要之，吾国人得种之慧，好学之笃，横大地而无与让。若能改良宫室，务事净洁，置隔板以去地湿，多开窗以迎光气，多种花木以吸养炭酸，多习体操以强健筋骨，多食生血欲滴之牛肉以强体润颜，多饮啤酒以行血丰肌。德人貌干最丰伟，盖因饮啤酒，吾别有说。择匹端丰长大之妇以合婚传种，孕子育儿者而居山谷浣塉之地，其废疾者淘汰之。男女六岁以下必就学，壮老之夫皆设休息日学及夜学以教之。则传种日强，相好端丰，颜渐渥丹，神益清明。而挟吾国人士之多，以讲求物质，妙抒新理，则吾国之盛强，吾学之修明，万国应无与我竞者矣！ 讲求物质妙抒新理

游女大学

监布烈住大学，距伦敦汽车行八小时许。近学之处，市街清洁，绿树阴森。教习斋路士君遣马车来迎，出妻女相见，令其女为前导往游女大学校，而与吾女同璧偕焉。校中花草绕径，院为后筑，计二层，长廊绕之。藏书楼列书数万卷，上下两列。学分神、文、医、算、物理，拉丁、德、法语诸科，但无律耳。女学生一百二十五人，三年乃卒业，多年达廿馀岁者。女教习俏嗤嘘 Miss Sjdgncck 导之游焉。

女大学不设科第

女大学不设科第。盖欧洲各国旧俗，于女学仍施抑压，皆无科第即学位。此惟美国平等耳。吾谓斋君女公子曰："男女皆天所生，同为平等。今开议院，女应预议，何为不争此权?"斋君女曰："非女子之职，义不可作议员也。"盖英女虽预燕会应酬宾友，而尚安分若此。吾所识彼之法部大臣噂夫人，文学甚深，有才气，常昌言女权，则大为报纸所攻讦。英、美仅隔一海，而风俗相悬乃竟若是，亦可怪矣。然既不欲愚民，既开大学以收女生，令习各科以为世用，女子同一天生，且科第与官事无预，但为虚荣，何为吝此科第而不使女子稍一扬眉吐气耶?此事终让美人出一头地，吾取美矣。吾国若立女大学，当如美之给予科第，令黄崇嘏常见于世间焉。英人他日亦必变，但以渐耳。

美国女权最昌

然美国女权最昌，随之而淫风亦最甚。男女讼案居十之九，堕胎居十之八，人类势将日少，则可畏莫大焉。美虽设严禁，堕胎者囚三年，罚金六千，然其风迄不少遏。

而英之女风尚不至此，则其斟酌保守，或亦别有故耶？英之变法多逡巡，而最少流弊；法、美最新最勇，而弊害最多。皆如前车之覆，而我之居其后者，得以鉴其得失，然后称著步焉。此为吾国人所宜留意者也。

监布烈住凡二十三校，合为一大学，学生凡三千人，每校至大者容七百人。有新有旧，而彼得敦士校为最古，阅三百年矣。墙甚旧而黝黑。此校之藏书楼尤古，已四百年，深长廿丈，书左右列，凡十二万卷，有《高宗耕织图》在焉。

游监布烈住(剑桥)大学

每校各有食堂、书楼、讲室、博物院、祈祷道场，各有校长、教习，各为经费，皆如恶士弗。准此而言，则吾粤之有菊坡、学海、粤秀、越华、广雅、应元、羊城、西湖、禺山，亦各有校舍，各有经费，各有校长，各有教习，皆依原名，不必另改而合为一大学，于府学宫设总校长、总教习以领之，外增设总博物院、藏书楼。能通普通学而具脩金者，听学生之来。斋内不足居，则听其寓斋外，虽三万人亦可容也。其有不尽能通普通学者，设补习学校。则莘莘士子、文物人才，盛于列国矣。其民间有校舍、有经费愿归并者，随时合并之，则规模日增。凡各省城书院数所者，皆照此合并为一大学。实为至易至简，又何用多事更张，骛虚名而无实益乎？

中国亦可合诸校为一大学

游总藏书楼。是日例不开楼，校长特取钥启之，且躬陪同游。书凡七十万卷。别一室藏中国书数万卷，皆故华使威妥玛所赠者，惟装订加以西式，中计华书之著作者八

游总藏书楼

中国藏书

百八十三人。所藏书多美恶杂揉，有极恶劣之郢书燕说而亦列焉。承以书目赠我，吾亦许以书赠之。吾入刁生学舍，院楼三层，有大园，墙亦甚黝黑，与恶士弗同。英王昔曾学于此，每临学必候其师，故有行宫在焉。斋墙甚厚，故不甚通光线云。

祈拜耶稣殿

其祈拜耶稣之殿，尖塔无数，耸峭宏丽。盖每校有之，而总大学别为一所焉。盖凡教学，必尊其先圣先师，此中西之通义也。遍观各国大中小校，莫不皆同。其本校教授之有名者，悬其像于中，所以敬先师也。皆有祈拜耶稣之殿，所以敬先圣也。吾国人之就学者虽非同教，既入其学，亦施敬焉。其重先圣先师亦至矣！其神学科别为一派，班次、衣冠皆在诸科之上，致敬先圣，因重其传受之人也。日本学校昔本崇孔子，今中国式微，变用西法，一切扫除。而其国俗则儒佛同尊，难定于一，孔子又非其国产，故不立祈拜之殿。扫除经学之专科，然中学必诵五经，小学必诵《论语》，彼亦无能自外焉。

我国以儒治国

若我国以儒治国，垂数千年，笃生教主，不假异地，此乃大地之所无，而吾国文明之最光远有耀者也。况孔子去世卿、去奴隶而开二千年一统、平等、自由之治，定同姓不婚而人民数万万，繁衍昌炽，冠于大地，功莫盛焉。

孔子改制为教主兼该据乱升平太平三世

其改制为教主，兼该三世，自据乱、升平、太平，莫不具备。一世之中，又有三统、三正，以待变通。故曰上下无常，不可为典要，惟变所适。其称“文王既没，文不在兹”，以文为主，尚进化也。《诗》始文王之君主，以寓据乱；《书》首尧、舜之民主，以示升平；《易》称见群龙无首，天下治也，以示太平。明堂之制，上圆下方，三十六牖，七十二户，则各国之王宫、议院亦正同之。衣长后衽，尚白尚黑，建子建丑，则今之欧洲各国行为。试问谁能于数千年之前垂范欧土之制乎？

今兹经说，但泥古而不能进化，皆刘歆伪说为之。盖伪《左传》以夺《公羊》，而微言大义绝。不然，则当我六朝时，已进升平世矣。太平大同之道，今欧美尚去之万里，而何自弃其妙道大教乎？妄人寡识，以己国一日之弱而惊于欧人一日之强，乃欲尽弃其学而学焉。孰知于我国所弃余之诸子旧说出示之欧人，则珍之若球图，而我乃独轻之。至有敢谓中国无教育，谓孔子乃哲学家、政治家、教育家而非教主者。审若是，则中国遂竟无教乎？因之媚外风行，群盲推波，乃至大学堂编官书，亦公然采兹谬说。渐至有倡议谒圣不行跪拜礼者，渐至有书称西历几世纪者。无识无耻，谬妄颠愚，举国若狂，甘为奴隶。噫！何吾国人之弱不知立，愚顽忘耻，意若是之甚也！

欧人视诸子学说若球图

夫今之敢倡是说者，不过以日本书盛行，日读而迷之。日人以神道为宗教，乃日人之妄定名词耳。因是之故，佛、耶、回之言神道者，则以为教；儒不如佛、耶、回之专言神道，则以为非教。试问教之为文义，并非日文，亦非西文，乃出于吾之古经传记者也。若《书》之称敬敷五教，在宽，教胄子。《易》言教思无穷。《论语》言子有四教。《孟子》言教亦多术，又曰教以人伦，逸居

教之文义出于古经传记

而无教，则近于禽兽。《史记》称仲尼弟子以友教于四方。此皆至近之说，人人共知，教之为义至浅，亦人人共识，岂有数千年文明之中国而可无教？又可无主持教化之人乎？若数千年之中国而可无教也，则中国人不皆沦为禽兽乎？人虽欲媚外自轻，亦可忍弃自昔先民无数圣哲之精英乎？亦何忍日降于无教之禽兽乎？人虽欲自辱自贱，何至如是哉！国有大圣而必自攻弃之，而谓他人父、谓他人君乃为然耶，此等笑闻，岂真数千年来未有之特识耶？

日人于华文训诂多所未惬

且试言之。日人之于华文训诂，多所未惬。如自由、经济等词句，皆与中国本义相反。即体操二字，在中国文法，只可曰操体乃通。而其行文又习于佛典之重文，若慈悲、勇猛、坚固等字，必用双名。由是主名百物，多用双字。如教主立教之教，而必曰宗教；教学之教，而必曰教育。此今人迻述日文而视为确然不刊者，实考之而皆极不通者也。夫宗之与教，二文本不相关，中国自古名词，有言祖宗者，有言宗庙者，未有言宗教者。日人之为此名词也，始出于佛学者也。自唐世佛学分离，于是《传灯录》分五宗，乃有禅宗、天台宗、慈恩宗、华严宗之目；其后禅宗中又分宗，曰临济宗、沩山宗、仰山宗、云门宗、法眼宗、曹洞宗。所谓宗者，犹战国诸子之分曰某子，后世汉、宋之争曰某学，又曰某派某门云耳。又如人家族姓，所谓继嗣为宗，太史公所作五宗世家，今人所谓某房云耳。撰录之僧，偶作名词，本无意义，日人又增加本愿宗、真言宗、净土宗、秘密宗焉。日人以其复文之俗习读传灯之书，乃取宗字加于教上。盖当时教者，系专指佛教言之；宗者，专指佛教下诸宗派言之也。教大宗小，以宗加诸教上，已大不适矣。

夫教者，中国之名词。教者效也，凡学、觉、交、效、爻、孝，皆从此义。大意乃以二物相合，先知觉后知，先觉觉后觉，一人先立一道术，后人从其道而效之之云耳。中国既自有其教数千年，而《史记》秦扶苏称诸生皆效法孔子，汉武帝称诸子不在孔子之道者绝勿进，而学者束发读经，入学皆拜孔子，言义皆折衷于孔子，犹欧之奉耶，突厥、波斯之奉回。此中国数千年之实事，而非梦呓虚幻之言，虽愚者亦皆知之也。夫举国数千年皆尊奉其道而效之，不谓之有教、不谓之教主而谓何？

中国有教数千年奉孔子为教主

及佛、道之起，于是有各从其道术而效之者，故谓之佛教、道教，合儒教言之而曰三教。在中国虽尊儒而辟佛、道，然既有此教，即不能不谓之为教。乃至若旁宗外道，若白莲教之类，虽其道可辟，而仍不能谓其非教而没其教之名。故教者犹道也，佛典称九十六外道，即九十六外教，道与教，皆有是教云尔。苟非率天性而修之，道、教未必皆精美也。故教乃事理之一名词，有之非必足贵也，有教未必足贵。然非野人或禽兽，则未有无教；若果无教，则惟野人及禽兽耳。惟教术之不一，故有美恶，亦惟教术之不一，而有人神。然无论其教之术如何，终不能不谓之为教也。今日人宗教之名，本由译欧美之书而出。盖因欧人向宗耶氏，别无他教，故其名谓之厘利尽

儒佛道三教

宗教之名出自欧美之书

Religion。厘利尽者，谓凡能树立一义，能倡徒众者之意。然则与中国所谓教别无殊异，所含广大。或谓中含神道之义，则因耶教尊上帝，而欧土之教只有耶氏，故附会之，并非厘利尽必限于神道也。若令厘利尽之义必限于神道，则当以神道译之，而不可以宗教称之，又或以神教译之，而不可以宗教称之。今日人以佛氏宗教之词译耶氏厘利尽之义，耶少变佛而本出于佛，回少变耶而实出于耶，其同为神道，固皆一也。然若限于神道为教，则宇宙甚大，立教甚多，岂必尽言神道者？凡能树一义，以招徒党而传于后者，苟非神道，则以何名之？以何译之？既无其他名词，则亦不能不以厘利尽目之。则厘利尽亦应为一切诸教之广义，而不能仅为神道之专词矣。

孔子道至大

夫孔子之道至大，兼陈三世以待变通，诚无所不有，既不能执一端以窥之。日人以异域传儒书，始知韩、柳，继讲朱、王，其不足以知孔子，固未足异。然孔子既自言之曰："圣人以神道设教，而天下服。"又曰："明命鬼神，以为黔首，则百众以畏，万民以服。"故虽远鬼神而不语，以扫野蛮时代迷信过甚之风，亦存祭祀而畏天，以示照临上下左右之切尽，毁淫祀而仍隆敬祀典，立天地、山川、社稷、祖先之祀。《诗》《书》所载，语必称天。"明明在上，赫赫在下。天难忱斯，不易维王。天位殷适，使不挟四方"。六语之中，称天者四。又曰："上帝临汝，无贰尔心。获罪于天，无所祷也。"诸经所述，不可胜数，虽耶教尊天之切，又岂有过此？

中国开明最早

中国开明最早，以孔子早扫神权，故后儒承风，为无鬼之论。然在孔子之意，以生当乱世，人性未善，不能不假借鬼神以怵之，仍而不绝。如管子所谓："不明鬼神，则陋民不悟也。"故庄子称孔子曰："古之人其备乎！配神明，亦通四辟，无不在。"以神道为教。是孔子何尝不兼容并包？但不欲以此深惑愚民，若异氏之术自取尊崇耳。今多谓孔子不言天神、灵魂、死后者，皆误因《论语》之一二言，如"子不语神怪"、"远鬼神"等说。则《易》曰："精气为物，游魂为变。"故知鬼神之情状。群蒿凄怆，天地之精，乃取而祀之。经说固已无限，即以《大学》言，开端即曰"在明明德"，岂非灵魂？而《中庸》始则曰"天命"，终则曰"上天之载，无声无臭，至矣！"此又何言？故日人之加宗于教而以为名词，义不可通。

夫欧人文法，无合两字义为一字义者。稍有重复字义，则以为拙劣，其在蒙学蒙师，亦即以笔涂之。中国古者形容之词，行文偶有一二。至六朝人之文，必用骈语凑足字数。野僧不学，迻译佛典，乃全用双字。日本人不知其本，乃无论述何字义，行何文词，必用双字。若依其例，则"天命之谓性"，必当曰"天帝命令之性质"。"大学之道"，必当曰"广大教学之道术"。"在河之洲"，必曰"止在河水之洲渚"。若"稽古帝尧"，必曰"顺若稽考古先帝尧"矣。"乾元亨利贞"，必曰"乾元始亨通利益贞正"矣。此在经家训诂则可，不然则岂复成文乎？

在中文固无理而可笑，在欧人则更以为鄙劣而不通。今以日人所学我数千年文明之汉文，我乃舍而从日人不妥可笑之名词，愚陋甚矣！是故“宗教”二字之不典不妥，在日人已属不可，况吾国人？故必不可引之于笔端。吾国数千年文词，只有“教”字之一字一义，吾国人行文，只可曰“教”，安有“宗教”之不妥贴而令人迷惑者乎？

宗教二字不典不妥

今即不泥文义，而姑从其意而虚会之。其曰宗教家者，耶、佛、回之言神道者也，非言神道者，不得号曰宗教也。若如其意义，则非宗教也，乃神道也。今欧美各学校于研求耶教经典之科，日人亦知译为神科矣。然则于耶、佛、回之教，何不译曰神道乎？不尔，则亦曰神教乎？孔子虽天人并包，神灵兼举，然若谓中国之教、孔子之道为神道，为神教，则非徒不足以包孔子之道之大，而义实不切。数千年来，皆以孔子为教，无以孔子为神道、神教者。若妄名之，非愚则诬，亦言孔子教者所嗤而不受也。若以宗为神，则中国宗之文尊也，有祖义而无神义。即以佛教《传灯录》创立“宗”字，彼禅宗、天台宗，慈恩、华严皆指心现境，不尚鬼神。故以宗教代神教之名，谬矣！若以中国普遍之教名，则白莲教、五斗米道教皆得为教，何况数千年之大教乎？故如日人之名词，无一而可也。

日人之名词无一而可

日本科学名派译自欧人

今日人之科学名派译自欧人，除宗教外，有哲学、政治、教育等名词，而以宗教为神道、神教。中国之大教主孔子者，既非神道、神教，则无以名之，而孔子又四通六辟，无所不在，故谓之曰哲学家、政治家、教育家也。夫以欧人自罗马中绝，学术复光仅不过有三数百年，其阅历至浅，本不足该括宇宙，至近百年来，则又苦书籍太多，业难兼修。故欧人于其十九纪之人才多专门，而甚少如彼十八纪之通学者，时为之也。故彼今兹之俗，政党政客日夜运动，无少休息，机谋日出而德心浅，奔走应酬日多而学问浅。故为政客者不为学者，为学者则教授穷理，不为政客，两者几若绝域而居。而我中国则实无此数者之分，即如道德之士，中国所贵，如黄叔度、郭有道者，并非哲学教授、政治家，何称焉？上之圣贤，如伯夷、柳惠、颜、曾、闵、冉，抑又何称？是故日人所译述欧人之名词，在彼欧土则可，在我国则大不当也。

政客学者若绝域而居

今吾国人乃以一日之孱弱，迷于日本之新书，醉于欧美之强盛，不问是非，不审时宜，即使出自欧美及日本下愚人之论说，则亦尊尚之，盲从之。于是凡中国之旧说，不论其为圣贤豪杰、圣经贤传，悉弃去之。此是何状？此为何名？今好新者动以奴隶性质骂人，而以自主自立为贵，然媚外自弃若此，又非奴隶而何？以数千年学术、教化最文明之中国而全弃之，其不能自主自立也明甚。且以日人所译欧义不完不备、不妥不通之宗教等名词，奉之惟谨。人摈我为无教，我亦曰吾无教。人摈孔子非教主，我亦曰孔子非教主。如木偶土梗，如传声器，听人之揶揄辱骂为无教之野蛮禽兽，而亦觍然甘签名，具亲供，曰我中国诚为无教之野蛮禽兽。真不料吾神明之种族，竟有此无

媚外自弃非奴隶而何

耻无愤、不知不觉之物也！

然仅一二人自供认野蛮禽兽，尚犹以为未足，而乃智者创述之，官书公定之，行之通国而教之学童，惟恐举国四万万人及后嗣子孙不知己为野蛮禽兽而大声张扬以训导之，曰尔中国无教者也，无教主者也。不知是诚何心哉？亦不过欲尽驱之纳于他教，尽逼使之为他国奴耳。就令果若此，彼创之者果亦何益焉？而乃互相称述，尽翻数千年来中国为有教、有教主之说，惟恐不至，惟恐不尽，惟恐未明。其意若倘使中国数千年稍有一不作野蛮、不作禽兽，而竟然少有教焉者，则心怦怦然而不得安。是苟非丧心病狂，则何称焉？不知吾国神明之胄，何以不幸而乃有此乎？

吾国人士，若不念神明之种而甘为野蛮禽兽也，则相约而从之，曰中国无教、无教主可也。苟吾国人士稍能自念身为神明之胄，而不甘遂沦为野蛮禽兽也，其慎无盲从妄说而亦曰吾中国无教、无教主也。知吾国教最文明、最精深，然后吾种贵。知吾国产有教主，道最中庸、最博大、最进化、最宜于今世，可大行于欧美全地，莫不尊亲，然后吾种贵。知吾国有最盛美之教，有神明圣王之教主，我全国及各教宜尊奉之，庶将来使大地效之拜之，如欧人之尊敬耶稣然，然后吾种贵。能知吾种贵，然后不媚外为奴，不称人世纪，而卓然自立；知自立而后学盛道尊，而后种强民贵焉。兹事所关者大，可不留意而毋忽耶？盖他教虽各有神圣，而中国数千年民俗之宜、功德之

吾国教最文明最精深

盛，无有如孔子者，此为吾国国教也。民间乡曲，宜尽废淫祠而遍祀之，立诸生以同讲劝焉，一如欧美人之祠耶稣，立祭司、牧师也。大、中、小学校，宜设殿拜跪，祭祀，敬礼，诵经道。创立经学科，尤宜尊崇，其诸生藉以传道。如欧人学校之必有礼拜耶稣之殿以诵经讲道，又必有神学之科焉。宜立儒教为国教，而其馀听民之自由信仰，如欧人之以耶稣或天主为国教，而以其馀听民之信奉自由也。宜以孔子纪年，以统中国数千年之记事，用省烦渎，而与国朝今之纪元并行，如日本之以明治君号纪元，而又以神武天皇纪元二千五百年同为并行焉。昔日张之洞议定学制，固多未宜，惟请立经学科一事，最为有识，核与欧美之尊奉先圣甚合。今之媚外者，乃大攻其守旧。彼辈于欧美之法无不谄媚，何为于立教之大学校中神科而反忘之耶？

宜立儒教为国教

又吾国人另有一奇质，变化最速，得新则弃旧，故绝无古物之留存，而为文明之大憾。外国人攻讦吾国为顽固保守，此特见其一时一面而已，吾则深怪吾国人轻佻悍薄。试详论之，今突厥、波斯之与欧土至近也，若突厥则更与奥、俄邻界，自君士坦丁那仆至奥京之湾，不过三十六小时，才一日半耳。然欧土变法已数百年，而波、突今犹酣睡，若罔闻知。即以监布烈住大学论，吾国学生已达十馀，突厥乃仅一生，波斯则竟无一焉。即以欧土各国变法较，皆经数百年次第演变而成，非一蹴而至。今试观吾国一二年间，猛跃而大变，其意几若以日本为腐败，以欧

吾国人得新弃旧非谓顽固保守

美为迟滞，欲一超距而驾凌欧美焉。且闻日京及上海之间，所号称之男新党、女豪杰，其家庭、衣服、体发、形象千怪万状，种种皆以革命为言，日异月新，不可思义。自我不见于今数年，而大变若此，几同隔世。近人名词必用日本书句，称年必用西历世纪，虽属不知自立，然无论誉之攻之，要其不为顽固保守，则显而易见也。初尚以为仅一二少数人，今则骎骎乎几遍于全国矣。我自戊戌维新，忧心忡忡，日惧国土之覆亡而人士之不我从也。曾几何时，相将突变，甚且攻我为守旧矣。

佛教微妙深洽于理

即如近者毁佛寺以兴学，粤城之长寿既毁，梧州之冰井生波。阒暗殷阗，何所不可？以兴学徒令古迹荒芜，亦复何必？更闻长寿刮及佛身之金，夫成住坏空，大劫难免，天地且不能久，而况于人？盛衰轮回，物之理也，诚何足计哉！然佛固大地之一大教也，其教虽不切于中国，而其学则甚微妙精深，洽于至理，无能毁之者也。今日势之所趋，水流沙转，而轻重深浅隐然自见，不必过用人力推排之也。至于古物遗迹，则尤当珍护之。吾所著意、法、英游记中，诸凡千数百年之古代宫室、寺垒，为数尤多，其图可具见也。岂惟本国如是，乃至所灭之异国、异种、异教，于其古迹，亦并加珍护。印度舍卫之佛殿，以石柱数十扶之。蒙古前帝之食殿饰金，以三千金补其三尺焉。其馀石像暨刻镂之物，皆收置一室，有守者司其钥而待游人之观览焉。彼岂呗以恭敬之心临之哉？盖以为大地之珍奇，当由大地古今之人公共世守之，一以开知识而为

古物遗迹尤当珍护

进化之助，一以不示专已守残，而广博异闻之意计至深远哉！此英之所以为文明而臻强盛也。

洪秀全之起也，所过名蓝旧迹，莫不焚烧。吾过庐山之九十九寺，皆已化为灰烬焉。野番争斗，则举火焚人之庐，此岂有异欤？又岂止为盗贼之行耶？夫不爱大地古今公共之珍奇物者，非人理也。今之号为维新务实用好媚外者，非新不取，非欧美则弃。勇猛好事，则诚勇矣，然是非深远，甚难定也。庸讵知今日之以为是者，不旋踵而后人即以为非乎？苟无关大体者，毋宁留有馀以待后人之思，且藉以博见闻而考进化耶！且即以为非而扫除焚雉之，不类于野番盗贼之行乎？夫专务实用，则家人筐箧、厨灶、米盐莫尚矣。此岂数千年文明之民族所宜有耶？假令行此，岂不可羞？衡之英人以我为野蛮，不亦宜乎？若秦之长城、隋之邗沟，吾人曾日日数之以炫我之家珍，今则中国之城垣无用矣，然不可以毁。故寺观亦然，虽无用，终不必毁。神佛之像，关系美术，何不留以供博物院之展览？何不保护珍惜，留示后人？

不爱大地古今珍奇物者非人理也

盖凡前人之一瓦一石，一椽一砖，皆千数百年之遗物，有可以令人兴观者。譬之《诗》《乐》，比兴遥深，长歌短谣，一唱三叹，其实亦何用乎？而意戛乎远矣！是其感人甚大，岂止发人之厚质雅韵、深情远度者耶？所关亦非细也。吾戊戌之主毁淫祠，乃为无名之庙宇耳，非有教之庵寺也。即欲毁弃，而一教之大，安有不明下诏书，辨析而后去取之？坐使吏胥之奉行不善，以致僧尼震惊，

前人遗物有可以令人兴观者

是岂焕发明诏之初心哉？且吾之变法，乃缘救国，不得已也。当国争据乱，处世虽微，而他日世跻太平，必又有转机而兴盛焉。即夫耶氏之兴盛，亦为佛氏之绪馀。故凡一大教之能立，必有至道足以深入人者，虽有帝王强霸之力，亦无能灭之者，但兴衰有时耳。思挟一时之强力而欲遂灭其教者，皆愚人耳。今耶氏势盛则保护之，佛教衰微则践踏之。柔茹刚吐，亦志士仁人之所引为大耻者也。

夫昔之人非无辟佛者。当北齐时，人民二百馀万，而僧居六十万，民人多舍身佞佛，若此则人道将灭而教治大坏。是故不能不大辟之，以拯其弊，此则昌黎之徒所为日夕大呼者耳。若夫今日中国之佛教，几濒沦亡。行经广西数千里，殆无一寺矣。今日之所为中国患者，是岂在佛教乎？披缁之徒，于今虽少有德学者，然吾观山水佳处及书画古物，多赖山寺僧徒以点缀保守之。若人间世则专事谋食，身不能居守名山水也。变乱既多，名物散乱，势不能保守之，故昔人寄其千百载流传之望于僧寺。是则山寺僧徒，真可以为中国绝妙之博物院、古物室焉。以故弥可珍爱矣！

山寺僧徒可为博物院

吾亦既遍游大地，入其新国，游山水名迹，无古寺古物之可考，无怪服之僧、出世之典，所见者辄觉寡趣。虽以至盛至强之美国亦然。盖人间世之事理甚多，墙之有东西，相反而相成也。有用之与无用，出世之与入世，亦有相成者矣。一室之无空虚也，身何以资转旋焉？一室之有门户也，当其无，以入出之故有。有之以为利，无之以为用。人能知无用之用、出世入世之相成，则几乎可与言变法也。夫人之务实利、崇实用，固矣，然人固具有高情逸韵、远度清襟、霞举轩轩、自然馨逸，人亦爱慕之至。闹市华堂，清庙广廷，曲室洞房，固人之所欲处矣，然山林泉石之清幽，天风海涛之空旷，萧洒孤高之士尤乐好焉。厨者供人以饮食，日所最要而不可少者也，而多远之。怪石山花不应于用，而斋堂以为清供，与之尤亲昵焉。野人饮食男女、厨溷床笫外，无他事物，至务实用也，而教化最浅，去兽不远，人所至轻之者也。高士名流，陈书画金石之骨董、嘉花异草之清供，此饥之不可食、寒之不可衣者也，而文明为最。若夫欧美之富室，则陈设有如骨董之肆焉。由此以言，则能用无用者，岂不尤文而可贵乎？专讲实用者，又岂非野鄙而可贱乎？一切当可由此而类推焉！

专讲实用者野鄙可贱

吾观夫欧人之变法也，利用其新，而不必尽弃其旧。英尤有焉！双轮并驰，徐以俟其得失耳。苟政治之败、物质之窳，必当与各国絜短较长者，则吾为日不给而改良匡正之，故八股、诗赋，吾夙所甚笃嗜也，忍爱而立割焉。若夫不关于救国之政治、物质，则君子行礼不求变俗，猎较之场犹可簪花一枝。旧酒醰醰，古器泽泽，遗簪不弃，故剑宜求。摩挲古钟鼎而欣然，赏玩旧书画而色喜，步游废寺而兴嗟，俯读断碑而堕泪。故人风雨，故园草木，故乡庐墓，故国山河，每一相思，侧望何极，眷念反侧，我怀如何？庄子所谓旧国旧都，望之惕然，人之情也。君等

变法利用其新不必尽弃其旧

庄子所谓旧国旧都望之惕然

独无情哉？苟无故旧之情欤？而其实为真正爱国之仁人耶？是为吾所不敢知也。凡虚憍者不足以任大，浮慕者不足以举实，轻躁者不足以虑远，斟之酌之，损之益之，断之续之，务得其宜，则变通尽利矣。吾国数千年文明大国，大地诚无过我者。《诗》曰：既和且平，依我磬声。过兹十年后，发愤自强，保持国粹之论势必大出。春兰秋菊，时吐芳馨，必有英俊领袖之者。追视今者之披头乱服、歌舞傞傞，必艴然嗤为野蛮无耻矣。抱爱国深情者，于意云何？

得其宜变通尽利

恶士弗书楼，藏古物甚多。有希腊贺梅尔诗，纸墨极古。有十世纪之地图，极粗，几与墨西哥土人同。然吾见今官书各地图，其粗恶亦可比，则彼十世纪时犹在野蛮时代，更不足算也。此楼即有中国地图，亦甚粗，纸墨亦甚旧，类明世者。虽有中国书数百种，然殆无人能读，堆埋尘垢中。诗人舍利以攻教遂没，而有名故留。

“恶士弗书楼”至第131页“吾皆游焉”，与后文《恶士弗大学图记》一文基本重复，文字大同小异，因底本不同，两存之，以便参照。

藏书凡七十五万册，书目亦八百本，墨迹及抄本三万册，在英为第二，在天下为第六。其诗、琴及镖与手书亦存。盖一善之长，亦不使淹没，以感动后人焉。呜呼！以一学校而藏书之富至此，宜其成学之盛哉！此楼白板灰垣，构造甚朴，两边分作十室，中为通道。乃钵连所创建，故供奉其像及存其铁柜焉。别有耶路撒冷缩型，盖恶士弗学本神学之馀，故尤尊教迹也。又有巴比伦刻石甚多，文类似天发神识。有加拉吉打袄祠缩型，吾昔曾登其颠，有印度屋六层，皆在地下住者。名王、名士之像悬列两壁，有楂理士第一及

游恶士弗书楼

第二与其后像。披发第一像甚寒窘，此其被杀也。列有显理第七御案，蒙以黄绒，制似中土，以为纪念。威灵顿曾为本学校长，故像存焉。

恶士弗、监布烈住二学校长，皆以大臣之有盛名者领之，故惠灵顿亦尝充焉。像戴发冠，仅露面，各国王及大臣皆然，发短二三寸，束成鬘形，衣红色长袍，每二寸镶金寸许。但不理事，每年仅到一次。惟授博士乃到，各博士跪领封号。其授啤嚏等名位，皆不理事，地位固尊重，以空名领之，甚类吾国之翰林管监掌院，而其不理事且尤有甚焉，是直与大学士领内阁同矣。故知旧国多此体制耳。英有贵族，故尤当临以重臣，然亦诸生所乐引以为本校之尊重焉。其校中事皆副校长理之，副校长则以各校之大教习轮充。每一科学有一大教习，名波非（P. F.）。其讲师惟大教习所请，凡数百。其中华学大教习名褒洛，岁脩三千磅。诸生来听讲三磅半，而诸生仅二三人，华文之为人轻弃若此。国势之不昌，亦可谓甚矣！

神学馆

凡初入学在神学馆，为初入学地，正面高尺许，设中座，副校长坐焉。分校长带学生北面列班立，分校长立于下。每生给学律一册，拉丁文。乃诰诫应如何以守学律，仪甚严肃。学生应诺，乃就旁棹亲笔署名，并声明贵族、平民等字样。 游神学馆

考试馆

游考试馆

馆壁以白石装饰，填地亦以杂石，状颇伟丽。内分试院甚多，视人多少为别，如吾国之考优拔贡，人数甚少，则亦入小院也。其大院试官有高坐，其试坐左右几桌式如中国童试然。其试官由各校长公议请之，若本校长例不得充补，以防其私，此亦积久生弊所致然也。明时房官亦由聘请。诸生经四学期考，不得第者逐出，然准还家修习，及格再来应考。而吾曾见恶士弗校竟有年四五十，经十三年不得一啤噫（b. a）者，啤噫即秀才也。则亦与吾国之老童经十数次考，卒不得青一衿者同矣。但其答问以积分为主，问十得五，即为及格，又无限额，其易至矣。而亦竟有累试十馀年终不得第，岂非奇甚？吾见吾华人士在欧美诸学者，试皆前列，又多第二。美费城某，有十二次率第一者。彼皆谓吾华人长于记诵，故应试易胜云。惟试期甚促，仅限三小时，各就本科试问，题凡五六，亦有一文长至千字者。然但问能对否，不拘长短，又皆用草书，故捷疾不甚费时也。

华人在欧美诸学者试皆前列

吾国旧例，试生太多，有至万馀者，而试官太少，故阅卷难周，用是设房官、幕友以分司之，而遗才多矣。且因阅卷之难周，于是专重首场八股，而二三场经策致不暇阅。因之士人遂亦不复经场，而束书不观、空疏谫陋矣。其最为大害者，莫如限额。房官、幕友及试官皆有额为限，虽有美才，或以额隘见摈，而不才或反以额宽备录

中国科举遗才甚多

矣。况又无积分以考之。唐时试士，准呈平日之著作以为行卷。宋时行三舍积分法，亦略同于欧美法焉。明及国朝，乃徒凭一日八股之文以定得失，故去取多不当。其限写楷法，故尤迟滞。若夫乾隆中叶后，朝、殿专以楷法竞胜，而殿试甚至一字不通、全策不对，但用方光乌之楷，遂以抡元入翰林，而书法不工者，即复董、贾，亦必摈弃。故百年来，举国人士研精楷法，举子以上，经年终日埋首为之。其事尤异，一日不弹，手生荆棘，故尤须日日为之。夫以举国诸生、举人、翰林皆束书不观，而日事此至为无用之楷法与割裂截搭之八股，如此者，近百年之俗也。

清朝殿试专以楷书竞胜

此百年中，正欧美人铁路、轮船、汽机、电器日出之时。计其奖励新器专利，始于西历一千七百九十五年，恰当吾国乾隆五十年奖励朝、殿楷法之日。彼百年中，新器出十九万五千具而霸大地。吾百年中，笔秃亿万管，墨磨亿万挺，合全国人士所写作之八股大卷折子，亦何止十九万五千之新式？而纷纷割地赔款，失利失权，几亡中国。其功效之相反如此，则试之有用无用异也。不然，以中国开学之早、试士之早，而收效何以若此其酷哉？此亦天下古今得失之源，可以鉴矣！吾戊戌之岁，是以力请废八股、诗赋、楷法也。

请废八股诗赋楷法

今科举既废，旧害虽除，而限额之大害馀毒未殄，草书法尚未行，此亦有司不可不留意者也。学生年二十一岁者，许为法学之啤噫（b. a）。法学卒业后，仍须再入法律院三年，乃得给大法律士文凭。其小法律士，须在大法律士家当差五年，乃给文凭。其大学卒业仍须入法律院者，盖以大学所学者，万国之国交法，而法律院所习者，国内之民法也。故须另习，乃能充辩护人。监布烈住法律院分四目：一、民法，二、刑法，三、财产，四、小刑法，其五则国际法也。凡学政治学者必兼史学，此与吾国同矣，实至理也。盖史者，治乱得失之迹，国势民风之所寄。各国之史不同，不通一国之史，则于其国之国势民风、治乱得失茫然。今学者徒知向慕欧美，几欲妄图全移欧美之政化于中国，而不一读吾国数千年之史，更不问吾之国势民俗、沿革得失与欧美之迥殊。夫以彼欧与美之政化既不同，欧与欧各国各自为政，亦复不同，而妄以渺不相涉之欧美政化遽全移于中国。橘逾淮而为枳，雀入水而成蛤，其得失何若，岂待多言？不见强弱、老幼、男女，而见人之瘳病药方辄欲试之，岂不妄哉？其结果不为庸医杀人者几希！

学政治学者必兼史学

讲医院

其讲医院在博物院内，学生座分高下七层，作半环形。他讲座皆平列，而讲医院独高下森然者，以讲医学多验实形，须众共睹之也。

博物院

游博物院

计有大尺许之蜂窝，圆如地球形。有大鸟期之衣哥那顿鸟，骨身高一丈，尾丈馀，以爪似鸟，故定为鸟类。有大兽长六七丈，高三四丈，今存其蹄，高五六尺，广六七寸，此大兽期之最大兽可考者，盖穿山之龙蛇类云。

有美洲土人，画面作⌒ 形，以别其乡种，盖无姓名故也。

有木刻美洲古文，凡数百文，横十行，似古钟鼎。

有加拿大象形文，如画，作人骑马状，则往者此为会意矣。

凡美洲文皆多象形。为首之高鸟，则酋也，其次辅佐皆作鸟形，殆以鸟纪官之类耶?

又有墨西哥文，吾后在美洲所见益详博，别见吾《墨西哥史》，今不复详。

有苏门答腊文，皆削竹简为之，多作乙、九、七、己、攴之形，皆简单之笔画。

有大盘，长数尺，高尺许，如浴盘。

又有大碟，三尺许，乃南太平洋汤架岛食人之器，有血存焉。可考人类之始与兽不远之俗。

有阿尔兰渔船，如一大盘，裹以树皮，可以见彼进化之阶矣。

有澳洲他士岷呢岛土人，裸身，形黄。

学生公食堂

为显理第八所筑，查理士第一于此开议院焉。四壁悬像，有显理、查理士之像。堂可容二百二十人食，厨亦大方四丈。其炉能烧百馀之鸡也。 学生公食堂

钟楼

英制，限八时鸣钟则诸生休息。昔某公爵为学生时，以夜舞故割去钟钮，致钟鸣不响，乃逐之，可见贵胄佻挞之风。环钟楼皆学生室，每学生书房一，寝室一，浴室、厕所一。教习亦同，惟教习室免租耳。学生室有美恶，租有贵贱。其旧有名人曾住之室，租尤昂贵，人以得住之为荣。在此堂住食，每季须四十磅。此地皆贵爵富人所争租者。而窗既不多，墙复崩坏黑旧，皆不肯修。学生帘皆红布，其为古旧如此。吾后遍游美国学室，体制皆同，而窗大墙新。好尚迥异，可推见英、美人之俗矣。而英人方以学自我创自矜，故特留其旧且坏者，以自炫也。

学生室

吾白鹿洞诸学他日改良学科，而故堂旧壁，正可留之，以示后人。

白鹿洞诸学改良

一、学者凡经中馆及小大馆以后，乃可入大馆。

一、学者能遂听讲而解语意，能应问题而作文词，能有财力以出脩、房租者，即任随其意择入一馆。不拘其为举、贡、生、童之地位，一律看待，亦类相同。

各国大学亦然，听人择其所欲而自请。入校考试题通过，必须通三国语言，而尤重拉丁及希腊文。以古旧群书皆用拉丁文，试题亦多用拉丁语，不通拉丁语则不能听讲、作文，故应尔尔。此亦与菊坡、学海之兼讲《说文》同耳。

入学考试必通三国语言

所须中学之文凭者，以中学主在教普通学。不谙普通学，亦无以为听讲、作文之地。此犹入大馆者，必已读群经、能作全篇八股及八韵诗赋同耳。

各国大学脩金不同，略近中国百金上下，多不过倍。能出脩金者可入大学。各国入大学者并无须学位资格，亦限啤噫（b. a）咊噫（m. a）乃始准入学之例。若已取得啤噫（b. a）咊噫（m. a）而再入学者亦听，校长、教习亦一体看待。 各国大学脩金

我国新定学制之至奇谬而可笑者，莫若以国为大学、省为高等学、府为中学、县为小学之名目，而大学、高等及中学又皆限生员始得入之，此最属不通而限制人才者也，亦与各国学制之至相反也。中国大县童生数千人，领取生员极难尽，多高才而终身竟不得一青衿者，乃以此立限，岂非坐失人才？原立学之意，在成就人才耳，苟能听受甄陶，何妨任其来学，又何必以生员限之哉？夫一国之人才，以多胜耶？抑以少胜耶？如曰以少胜，而藉愚其民，可无庸议矣；如曰以多胜，而又竟限之以诸生，则是不欲国之民之多就学也。 立学在成就人才

尤有大谬者，我国自昔义隆养士，故学校书院皆有廪饩膏伙，因是不得不限额为之。不得不限之者，为筹经费故也。夫以科第之宠荣所在，遂使国人竭其家业以求之。吾粤县考，竟有费万金而钻营一案首者。今科举既废，求通显者胥在学校，其于区区脩金何有焉？何劳縻款以养之？若既不养士，则限额何为？欧美、日本之各大学，率皆数千人，以无限额而悉听人之来故也。独吾国大、中、

学校招生不应限额

小学乃笃守旧制严限，学限仅以百数，岂非恶人才之太多，而故欲抑遏使少耶？方今遭时大难，需才至亟，而乃为此限制遏抑之举，是犹之南而北行也。何其相反欤？其愚何可及焉！

定额及限定学位之制溯原

溯原定额及限定学位之制，周、汉无之。汉之时，大学生达三万人，亦以无额之故，乃得有此数耳。其州郡举考秀虽有额，唐、宋以科举取士亦因之，乃为取才入官之故。官额既限，故举士之额亦遂不能无限，然唐时舒元舆已力争之。而乃千载昧昧，甚至施之于学校，悖矣！且近世科举，列名多不得官，然则与取才亦无预矣，徒以为搢绅之荣，有同爵位之虚，仅标异于齐民耳。即今欧美之学位，实皆为虚爵，与任官奉职全不相关，若欲入官，更别须应考。然则朝廷又何惜此虚名而不以之与民哉？吾曩见一乡一县之中多举人、秀才者，文风渐开，鄙傹自少，馀若进士之服官者多，其地渐进于文明者亦多；至于穷乡僻县，诸生亦少。

然此仅较其文野，专就外观比之，非以道德相竞也。欧美愈称文明，而其国人之嗜利则尤甚，与吾华乡曲人之心直而言信相去万里。若吾华都邑人士之品行，则又不如乡人。况今当对外竞争之时，吾国人民太多，即令虚名之荣足开朴傹，亦应以无量之数分布于穷乡僻县，以开文

学生攻有用之学尤须以多为贵

风。况学生皆攻有用之学，学成则足资国用，又适当乱世，尤须以多为贵耶！各国民寡而士少，皆极意奖励之，犹恐不得。吾国民多而士贵趋学者众，若令一如各国之

制，不设学额，不限学位，但果能听讲而自备脩金者，不妨即听其入大学。而大学又不仅限于国都，凡省、府、县之学校，其程度足称大学者，即以大学名之。美国大学凡二十三，而华盛顿无一焉，亦岂以地为学耶？或者拘泥于礼经国学之文，则古者诸侯万国，当有大学万所矣。

吾意吾国每省大学必当过万人，若广东则吾信其数达三四万人而不止也，其他江、浙、湖南、四川等省份亦必二三万人。学生愈多，而脩金之入愈广，所延教习、所购图书仪器愈多，而学生之程度亦愈高，人才之造就亦愈众。其俯视欧美十倍而何多让焉！考之实施之效而大益，考之外国之制而相符，舍此不为而因缘千年之弊制，深入脑中而不之改，真可笑、可悯、可伤者也。然在昔时尚犹有可原也，今则游历之吏、游学之士接踵于外，而于此尚昧昧然，墨守而不之变易，岂非大怪事哉？夫不费国家分毫之力而可得数十所之大学，可得数十万大学之士，且程度增高，人才辈出，岂亦恶之耶？是则此乃今日立学之第一要键。现行之法若不改易，殊无以广学培才，诚为有司所宜留意而非细事也。

吾国每省大学必当过万人

一、入校必有节仪脩金，不能具备脩金者逐出。

改易现行之法

各国学校，一季不能交纳脩金及一切费用者逐出，数年学期之功一旦立尽，故学生类竞竞然，虞学业之不竞焉。吾国书馆，学生贫不能具脩金者，师多怜而免之，则视各国大学尚稍优也。惟丹墨大学不收脩金，小国寡氏〔民〕，望多植人才以裕国，故特宽免之耳。

一、教者一人或数人不定，各自轮讲所学。

课程类若五经、四书，或诗赋、骈体、古文、时文暨算学等。学生听讲与不听讲，各听其便，然听讲率居大半之数。按之各国大学教习甚多，各讲所专任之课程。诸生每季除听讲一次外，馀不来听讲者听。各大学校，苟非著名博学精思自得之讲师出讲，则多开卷循文，按句解义，与八股先生之讲四书同，而听者亦寥寥无多。盖以常言之听讲者，远不及吾粤书馆之万一。

一、学生执业。

广东菊坡精舍、学海堂学长八人或十人，诸生必择一人执业。各国大学各科教习数十人，学生亦必择一人以执业。

一、斋舍。

馆内斋舍有限，而来学者人数无限，故有寓馆内斋者，有寓馆外斋者，有从远处搭课者。各国大学校亦有校内、校外之分，但无从远方搭课者。亦有距离讲艺之院万里而藉书函寄问，吾曾于美国费城见之，每人脩金为七十元。

一、作文。

学生作文与不作皆听，然教者及亲友同学亦有规问。恶士佛大学每季必须限作一艺，馀时不作，听之。

一、出入。

寓斋出入居游，各听其便。过于游惰者，各师亦时加规劝。各国大学之出入居游，亦多听便。虽有学规监督，然多同具文而不实行。

一、学期。

各大馆岁中自正、二月开学，至七、八月散学，学期约为七八个月。各国大学校，学期亦只八月。然大馆冬令亦有讲经或古文、诗赋。而各国当避暑时，教习皆散，不如吾粤大馆矣。

一、志事。

粤中大馆学者惟慕科第，不事读书，鲜有高才远志，故多为乡愚朴鄙者，而热中应试者亦只此辈。故狡黠幸运者，恒掇高科而跻朊仕，奔走钻营以得富贵，浸成风俗。各国大学中，间亦有此。

以上十一条，抑何相似之甚。乃知大地上人，苟非贤哲挺〔诞〕生，以讲学任道转移一世者，寻常侪辈鲜有不合化同流者也。是则国无盛衰，政无文野，殆同一辙焉！

实际上只列了八条

各国大学与粤中大馆，既都有许多相同，而吾国人才之衰，而彼国人才之盛，相去若甚远者，则诚不在其学规体制，而在其教法焉。远在四百年前，欧洲当中世黑暗之时，全欧各国皆无学校，惟僧侣领其教权，欧人几无有识字者。以柏拉图、亚里士多哲学之精深，而欧土已无其书，至假十字军之力，始从阿剌伯而得，经重译而后通之，又况其他乎？以视吾唐、宋时文学之昌明，真有天渊之判矣。故吾国自古之以文明自诩，鄙视一切，有由然也。

人才盛衰在其教法

恶士弗大学

吾国立学始于汉武之世

恶士弗学校始于彼西历一千二百六十五年，英人在欧洲夸为学校第一先声者。其比吾国立学于汉武之世，乃至犍为皆立文学，亦能著书，文翁石室，至宋犹在。今班、马所谓“自是公卿多文学之士，方领矩步，遍于圜桥，大学以数万人”者，犹可按也。至汉季大儒弟子万数。宋世仁宗皇祐二年，命各州县皆立学，今之天下千馀县学宫，皆立文庙以祀孔子，旁设诸祠，并立校舍，皆为北宋遗物。虽中国未兴石筑，土木多废，时有增修，而旧址遗型多有在者，如苏州学宫，本为范希文舍宅。若夫白鹿洞书院、武夷山之精舍、宋明诸儒讲学之所，遗基尤多。夫以英人仅有五六百年之校，犹自夸炫、保守、珍重若此。且恶士弗在数百年前仅为小校，自咽活第二之后，学生乃有百八人，今钟声百八之数，犹资纪念。而论时则已在十五世纪矣。至意列沙伯大奖学艺，倍根遂出，于是时学校乃盛。盖欧土在十字军战后，路德新教既兴，当十五世纪时，而古学乃出，始知讲希腊、罗马之学。至倍根出后，物理学乃始发生。查理第二、占士第一、威廉第二相继兴学，而恶士弗大学规模乃始定，然时则已在清朝初年矣。

清初恶士弗大学规模始定

今彼恶士弗之校舍，黝黑颓落，污坏不堪。吾遍游德、法、意、奥、美各国及各小国，大学皆轮奂辉新，无有若恶士弗者。英人非不敬学，而恶士弗学租非不极当也，然而不肯修改者，重古贵学以夸其文明之最早也。岂知吾国北宋时千年之学宫校舍尚存千馀所，而剥落颓败之土木，乃倍出恶士弗之年，而多至千倍乎？但交通日涉，

北宋千年学宫校舍尚存千馀所

中西文译未通，未以吾国之古而多译告欧人耳。若译告欧人，则其惊重敬异，震于吾华之为大地文明第一，又当如何也？故以吾视彼欧土夸为第一之恶士弗学校，亦犹彭祖之视孩童、猗顿之视黔娄耳。吾尝与美国水利首长泛论文明。彼甚炫耀欧美，而谓吾国之程度不如。吾谓近百年来，欧美新学诚驾万邦，吾所不如欧美者，近百年耳。而吾国文明有数千年之历史，今吾国若将变而从欧美，不待三十年可期必至。以算学程式计之，以百馀年乘除于数千年中，则欧人尚差我数十倍。故吾人于大地各国，诚无有可凌驾而上之者。该首长词穷心折，欣然而笑。乃吾国人今但以欧美一日之富强，不加考察想像，视人如帝天，自视为野蛮，则其奇愚孰甚焉！其忌祖媚外抑何一至于此？而不克自立乃尔耶？

中国立学最久

夫中国之立学最久，三代曰庠序，曰学校。汉人名为黉舍，六朝及唐人名为国子监四门学，宋人称为精舍、书院，今名学堂。日本人从欧美制，而译名以中国文字，曰大学，曰高等，曰中学，曰小学。岂有他哉？是在教法之精粗、广狭如何耳。其在京师，翰林院、国子监、太学创自元、明，最为古旧，又为王学。即比之恶士弗，古旧亦过之，真可雄长于万国，永为大地第一文明古物矣！太学题名之碑凡数百，创自元世，蝉联至今不绝。若在英人与各欧人，不知当若何保全珍护，坠碑遗瓦，一一爱惜尊敬。此岂非所谓文明也耶？夫不惟教法之得失，即就舍弃国子监、翰林院之雅文而为学堂之俗称，又有何深义？得无大惑不解乎？不知自立，徒事媚外，进退何居？讵有所得？近之愚妄人未知欧美之文明究为何物，乃竟有欲毁国子监、翰林院而并归大学堂，欲毁菊坡精舍、学海堂而并归广州中学堂者。不几令英国恶士弗之童子妇女笑乎？其媚外忘耻，不知珍视国粹，己国虽幸有地球第一之文明古物足以称号于天下者，而略不知保全，甘心媚外，以为人奴。此其愚贱，甚于高树降旗之为某国顺民，极其惨毒。更甚于杨琏僧伽之毁宋陵，掘诸帝之骨，而以理宗之头为饮器也！

举国谬称变法之人无异自鬻为奴者

人有自鬻为奴者，己身贱辱无耻可矣，乃必强率其祖若父为奴，且改题其历代远祖之为士大夫者之主而亦奴之，其妄如何乎！今举国滔滔谬称变法之人，何以异是？盖使教法果美善，则学堂可也，庠序校可也，国子监、翰林院、精舍、书院、黉舍亦胥无不可也；使教法不善，如昔之为八股也，诗赋、楷书也，则尽变易为欧洲各大学之校舍、师生，亦岂有当乎？无论改易扁额而曰大学、中学、小学堂以烦匠人，徒为粉饰，于事实更何补济？又何许子之不惮烦？然则于宜改者而不酌改之，于不必改者反斤斤焉，亦适以见其愚妄耳。

恶士弗监布烈住二大学之著名

夫恶士弗、监布烈住二大学之所以有名者，其一盖由英国数百年来之名臣名士皆尝学于其中，其历代诸王以及今王咽活亦属此二校之学生，而为博士者也。其于孔子之言大学自王子及公卿士大夫之子，与凡民之后皆入学，在

名人辈出

我为虚文者，在彼乃为实事也。吾过英名相格兰斯顿之故

学室，黝黑污败，而租者价且加贵，人辄指而艳称之焉。过某桥某道，则曰此昔诗人某学于此而日行吟处也。曾学于此校之学生，后有诗名者，辄留存其诗稿、笔管、银表等，曰此某诗人之遗物，举以为歆慕。此其动人兴起之心，抑何浓挚耶！又英之诸王、诸名相、名臣、名将、名儒、名士之像，亦皆悬于校之墙壁。其英眉秀目，与夫丰功硕德、高文典册、精制名作，皆日照耀感触于后世之心目，间以咏以思，以群以兴。苟中人以上，未有不感动起立，思齐前贤而瓣香馨祝者也。此诚二校之善以古人感动学者也，可谓“周王寿考，遐不作人”矣。凡欧洲各国之校，胥莫不遍悬其先辈之名贤，以为兴起之用。而各国之学皆稚，或国小而立新，故无有如英之二大学。而其中恶士弗尤古，聚强英全国数百年之人才，皆从此中出，几如我太学之进士题名碑也。故恶士弗之名最盛美，而入恶士弗之学生亦辄倨傲自命，而人亦从而加敬之也。此以声闻像法兴起，一也。

其二在立科之美密。科学之目，已前见于篇首。盖英国自倍根首创物质学派，欧人渐觅得新地，播新知识于全球，而英人物质学尤盛。恶士弗以神学、人道学之馀，兼综诸学，切于时用，而不遗物理。虽崇尚高远，不如美人之矜重工艺农商，然全欧大学无有农工商科者；其意主于教育士大夫，正与中国同也。立科既密，知识既新，故稍好学者，各因性之所近而为之，即可有成。此以分科易以成才，二也。 立科美密

教习多且才

其三在教习之多且才也。每科大教习数十人，小教习尚不止此数，已具见篇首。欧土新学日多，人难兼业，故专门之学者，不求仕宦，不入党派，毕生以教授著书终老，精力以专而易得精博。故大学教习，实选一国专门之名硕为之。非如吾国教学者，多以科第空名领位也。既聚集名硕之群师，学者苟能好学湛思，而欲有所讲业传授，问难质疑，自易得其精当，不致盲行妄臆。故广聚学师，易以成才，三也。

博物院藏书楼之开拓闻见

其四在博物院、藏书楼之开拓闻见也。聚天下之古今书册、抄本、精本、古器、名物无数，以供学者之参考，耳濡目染，闻见自殊。如王、谢子弟之笔札，虽在妙年，如王缙、王洽，已是神品。学生随手取携，自然博异。此以收藏书器富博，易以成才，四也。

学者朋友观摩讲辨

其五在学者、友朋之观摩讲辨也。以英国四千万人之众，而选其英才六千人于是，又从而淘汰其三千馀，仅留好学之士数百人。则此数百人者，皆颖特豪俊之夫也。聚数百人颖特豪俊之姿，又以名硕之师儒、博极之书器导引而发挥之，则此数百人者皆为上才。以此上才终日相处，观摩辨论，进益无方。故真好学之士入此学，必为魁奇之人而有名于世。此由数百豪英相为观摩切劘，易以成才，五也。

夫以三四年之间，处英国三岛之地而能有数百之名才，则亦不为少矣。分以任国事，福人民，著书论学，诚已众多矣。此二学之所以成就人才而有大名于世宙者也。

是故此二学者，并非有何种善教良规，亦在善用其分、善用其聚而已。科欲其分，书器、师资欲其聚，而人才固不可胜用也。

善用其分与聚而人才不可胜用

吾国一统不竞，科学不昌，物理新学、地球新识不能自我而发明，此固无可致憾于前人也。惟汉人分别五经六艺，用意本为分科；唐、宋人分九经，分三史、六朝史、《唐书》，又分小学、算学、律学及医学诸科，外有开元礼学、开宝礼学等，此则略与英国之学科相同矣。试晰言之。其九经同于哲学、神学科，三史同于英之古史学科，而六朝史、《唐书》同于英之近世史科，诗赋、文词同于文科，律学同于法科，四译馆及诸僧籍剃度文同于英之东洋学科。然则除物理学为我国所阙然未备者外，凡英国大学诸科，我唐、宋时已无不相类而兼有矣。虽尚不如英学之精详，然亦可谓具体矣。

英国大学诸科我唐宋时已相类而兼备

自八股出后，诸科徒存空名，渐且全废，而功令惟限八股文，禁诸生用后世书、后世事。于是明世以后，学者除三代之书不读，又屏弃诸子，以其乱道而不观，独尊程、朱，遂并汉、魏、六朝及唐代诸儒之笺注不识。简陋既甚，古今不知。《南华》已成僻书，《汉书》乃为谁作；四书既为一统，《公》《穀》《仪礼》《周礼》不以命题；读《礼》又复丧删其简，读《左传》又复篇选其义。五经既删，八股是事。于是举国学子，尽皆沉埋陷溺于空疏谫陋之八股，真有不知汉祖、唐宗为何人者。故佛时是西土经文，贞观乃西京年号，传为笑谭，并非戏谑。考官如

八股既出分科全废

此，而试士可知。又朝、殿之试翰林，大考专重楷法。八行布白，终岁讲求；举子词臣，白首不辍；一日不作，手即荆棘。比之妃青俪白、无用之诗赋，尤有甚焉。而又科举之级数太多，既有县、府、道、院之童试十重，又有乡、会、朝、殿之试四级。取额既已太窄，以万数千之试士，仅取百数十人。阅卷者又复无多，以一二人一二日，至多或十馀人廿日，而阅万千之卷，故颠倒谬妄，去取不公。虽高才硕学，多终身不第；而黄口小儿粗通八股者，已掇巍科而为典试。谬种流传，涓涓不绝。故举国学者共见，如此可不事学，徒取富贵，率束书不观，甚者文师垂戒，以为读书于科举有碍。以是诸因合沓于今世，于是举国之人皆为盲瞽愚昧矣。盖自有中国以来，未之有也。酷矣伤哉！八股之祸。此鄙人所以恨极，而首请于上力除之也。以是之故，故中国大馆学规与英之大学同，而收效与英异也。其所以致异者，在不知善用其分，不知善谋其聚，以是效果之美恶相去甚远也。吾国今则八股已废，各科已分，宿病已除，补剂已服，然不知一训之基因，徒震欧人之强盛，而欲一举舍己而取则之，则又大误矣。今为吾国之学校前途计，诚当亟亟改良而订定焉。

力除八股改良订定学科

天下之为药方者，皆为疗病也，审病之所在，而药乃可下。天下之为兵戎者，皆当量其敌也，必先较敌之与我长短，而后思有以胜之。学校者，人才之制造场，而强国之根本也。其始当审病而去之，其中当与敌较，其终当自致精确而求美善。虽然，病固难知，而方亦未易制也。吾

学校乃人才制造场必求其美善

既遍游各国之大学，粗能知其短长而求其美善。返观吾国而病乃现露，其药方亦略可得而订定焉。

其第一病乃为大学、中学、小学之以地限者，剧毒最甚，当立治也。夫大学、小学之名，本于《礼经》。就《礼经》言之，大小二字，皆就学龄言。故古者十五岁而入大学，八岁而入小学。则所谓小学者，今之蒙学也；所谓大学者，今之中学以上皆是也。小学教数与才名书计学乐、诵诗、舞勺，则比于数学、国文、地理、音乐、体操等类也；大学教六艺，是为分六科也。其所谓国学，即为大学，天子曰辟雍，诸侯曰类雍，下有水，以桥圜之，此太学之制也，在明堂之东序。《大戴记》称帝入东学、帝入西学、帝入南学、帝入北学，则明堂之四门学也。

根治学校以地域为限之弊

古大学教六艺即分六科

夫黄帝、尧、舜时万国，汤三千国，周千八百国，诸侯百数十里不等，各有一太学，是周时有千馀大学也。凡百数十里即有一所，故凡一国十五岁以上之王公卿士子弟，与凡民之俊秀者，悉皆在焉，但与王畿太学之有圜桥异其制耳。惟其各封建国皆有大学，故人才众多而国乃可兴立。观春秋诸小国卿大夫之才，可推也。今丹麦、瑞士、比利时、挪威、匈牙利之小，乃至德之联邦各小国，数十里者皆有大学，正与吾国周时封建大学略同也。故考之古制，中国有千数百大学，无天下惟一大学之义。大学但取十五岁以上之俊秀，八岁自乡之小学普通毕业而升入者，正与今之各国六七岁入小学，六年或八年卒业入中学，十四岁入中学，六年或四年卒业入大学同，皆以年龄

周时大学千馀所百数十里一所

之学级为升学大小之程序，因人生自然之理为之，而非以国、郡、县学位贡士分之，可谓至明矣。

日本大学小学之名取之吾国经义

日本大学、小学之名，取之吾国经义。而古者学制尚疏，有大小而无中学。日本译欧美学校之名词，而别为大、中、小三级，以六七岁所入者为小学，以十四岁所入之普通学为中学，以冠岁所入之合众学为大学。镕铸吾古义而定其名实，至精当矣。吾粤之俗，有大馆、中馆、小馆之名词。小馆者，蒙馆也，教数岁初学之童蒙，教诵经、习字、作对偶、学诗文。至十五岁以上，诵经毕，能作全篇诗文，初应试入中馆。至冠岁前后，诗文精工，入大馆以竞妙美、争元魁，自举、贡、生员、童生之秀健者，皆在此而合校焉。虽所教者不如人，而名义、学级乃与欧美之实名、日本之译义暗合无少异，则以公理之自然故也。

古者百数十里一校

故欧美乡市之大及于千人者，无不有楷士孤。楷者，译言高也；士孤，译言学也，盖言高学也。日本译为中学，而每县必设一焉，已不如欧美之多矣。然高学乃对小学而言，与古者之大学对小学而言，亦正同矣。古者百数十里封建地，必有一学校，与日本每县必有一校、欧美市镇必有一校，又正同矣。至于欧美之大学，多出民建，多在乡曲，亦多有在僻远者。美国大学二十三校，而华盛顿无一焉；而僻在西北部之小市镇，如西林抓、李抓鳟，乃反有之，其校长尝请吾演说于是焉。即英之恶士弗、监布烈住，亦在伦敦数百里外，未有汽车以前，须时二三日乃达，亦非近在京都者，此尤欧洲大学之创始者矣。

故大学者以其学科程度言之，非以地限之。凡仪器稍备、能兼诸学、各习专门、能给学位而在中学以上者，即可名大学。若遂谓其程序甚高，无不兼该，亦殊未必然，吾于美之西林抓、李抓罅及乌柯连三大学见之矣。在日本人仅二大学，尚斤斤必谓为高等学者，而美国则已号为大学矣，此美国所以能育才也。今吾国之省府县全地界，古今所无也，其于治体级数太多，亦已无理矣。既不之改，而尚施入学制中以自抑之。

大学以科学程度而设

吾所谓省者，人民辄数千万，皆足与英、法、德、奥、日等抗衡，而大于丹、比等小国数倍者也。乃局限于国土太大，以既非京都，故不得有一大学焉。若夫县学，古之封建国所谓国学也，乃今之丹麦及德国诸联邦之大学也，吾粤所谓大馆者也。其人皆读经书，通文章，年已及壮，或曾为诸生，而乃以周时及日本童蒙之学名之。欧美人译之，日本人读之，不几谓吾一县之大，人民之多，竟无一中学而皆为童蒙乎？无论诸生之学格、人格为外人所轻，即以名义论，亦与古人及欧美、日相背。背则不经不文，轻则失人失学，何自薄其人士若是乎！进而一府，如吾广州者，人民几二千万，盖兼欧洲比、荷、丹、瑞四国之人民也。昔年考试，士人四五万，不可谓不多矣。今乃设为中学，限以百数人。入学者多举、贡、生员以上，或有名之士，今乃等于十四五岁童子。何其轻乎！夫各国万人之乡市，犹有中学数区，而学生或千数人焉。今乃以兼

省必有大学

府必有高等学

四国之人民，而得中学一区、人士百数，乃至无一高等专门学，不几重为欧美、日人所笑乎！欧美人皆能日张其国体，使人畏之；吾国乃自弊其国体，使人轻之，其愚何可及也！若一省之名高等学，而不得立一大学，而此学又仅得百数人士，亦令欧美人大轻笑者也。

此等名词，考之古经则不合，采之日本亦相反，施之实事又自轻，徒自压抑其士民，而国体大以受辱，则何为矣？故美之为制，大概发舒其民，故民气上扬。吾国之制，大抵压抑其民，积习既深，乃于无关切之学名而亦以限制等级行之，故大、中、小之名则是，大、中、小之实则非，此乃至愚而重为天下笑者。此名不改，无以劝学。且今官定各教科书，所编小学、中学各书，皆缘日本体制，以课初学之童蒙，抑以教府、县学之诸生乎？此不待言也。既不待言，而府、县学名中、小，教科书亦名中、小学，而用乃相悖，同出管学，何其违反乎？此又不待诘问者也。故新定高等、中、小之名词，尚不如旧名府、县学之妥适也。故不去省、府、县高等、中学、小学之名，不能为兴学之基也。

去省府县高等中学小学之名

高等、中、小学之名既除，然则学以何名乎？以何位置诸学乎？应之曰：立国各有体，不必纯法外人也。欧洲各国轻农工商，不列于大学，而美则列之于大学焉，日本从之。欧土各国中小学非贫子，校无事金木之工者，而美则列为中小学要科。然则究何所适从焉？欧美大学尤尊神科，而日本无之。盖立国不同，则立法亦不同也。我国最

我国最重士

重士，千年以来，卿相、士夫皆从科第出身，入内阁且限于翰林焉。而吾于戊戌游日本时，日本之有大学已历数十年，博士且达百数，迄未尝有一人任大臣者。美之前各总统，亦未尝有一人为博士者。盖美重富力而不重士，日本偏重政客而不重学者故也。即以英而论，其以入大学为重，诚冠于各国矣。然硕学之斯宾塞、名臣之张伯伦皆未入大学。若夫伦敦中目大学领得啤噫、吠噫学位者，悉贾字，佣书，教学，管库，缮书札，供奔走。而在美国，则带路，斫柴，侍酒，供食，身为佣仆，无所不至，吾尝佣用之矣。夫以各国立学、分科、颁位、致用之绝不同如此，而各臻强盛，则中国之为中国，自有法度，无可师人矣。今之言学务者，其不知所从，盖有二。一、惊慕乎欧美之强，而妄欲一一模仿之。故内轻己国之士，而欲驱其师欧美、日本也，而又盲人瞎马，不知所从。一、蒙蔽乎夙昔选举合一之俗而郑重科第，苟其得隽，即当授以官也。此二者不改，宜其无以制用也。

立学中国自有法度无可师人

夫欧美之学校、选举，至判然不相关者也，日本亦然。即三代抡才之与授官，亦自异辙也。此意不明，多相牵掣，宜其为学位、等位以限制之也。故立学制者只为学校计，应知其科第之荣名与授官绝不相及，而后可也。

欧美日之学校与选举不相关

在欧美惟博士得以充大教习，颇有可重之处，其馀啤噫、吠噫，则并不甚宠荣。盖冠岁之后三四年毕一业、问十通五者，殆必得第焉。一年之后，又必进为吠噫矣。美尤贱之。西方可以一二年而得啤噫，又可以金购，如吾国监生焉。夫稍有金钱而能在学数年者，无人非啤噫、呋噫也。在国家但得人通此学，何竟吝此空名焉？故欧美人之所谓秀才、举人，其与我国之秀才集数千人考试而得三数十人、举人则集万人考试而得百数十人者，难易若天渊矣。吾国有博学硕儒终身场屋，竟不得登科第，彼无有也。我于人才务为抑限，以就官额；彼于人才务为宽舒，以求通解而已。夫欲得才，必宜宏奖育也。抑限之与宽舒，至相反矣！

人才宜宏奖育不可抑限

今吾国立国之要需，只在物质之工艺而已，其馀政治、法律、外交皆可以翻书而得，则吾能文好学之宿士习之至易。然则所以为省、郡、县学之定名定制，在此矣。

立国之要需只在物质之工艺

窃夫今日中国新书尚未备出，欲从事各国新科学，不能不假途于异国之文。则凡今人士，盖几无不在中学普通学之列。虽然，日本大学诸科书，皆华文也，其有日文者，十之二耳。吾人所易通也，吾国诸生学此至易。然则除物质、工艺学别列在专门学外，则吾举国学生皆在各国大学生、高等学生之列者也，又何事自卑抑之乎！

今请正其名。凡各乡十数岁童蒙读小学教科书者，谓之小学。其年长未读小学者，谓之补习小学。其小学数年毕业、年十四五以上者，谓之中学校各普通学。凡三千人以上之乡市能设一中学者，即以名焉。其年长而未习中学，但谓之补习普通学，则一县必设一所。吾国士夫今日所最要者，概不出此补习学矣。欧美人又多自延师而求速成，即入大学者，亦但问学之资格，而不问所自来。吾夙闻欧人之至论也，谓人才之致用，最要莫如中学之普通学，通此则一生足以为用矣，通此则百业足以成就矣。若夫专门，以致精为用者也。大学以致博得名者也，非人人之切用也。

人才致用莫如中学之普通学

吾国尚士，废科举以来，考秀徬徨，士之壮年者，亦徬徨不知所从，不知所用，尤当以极广大之法度安置之，网罗之。故日本之县设中学也，吾则县设补习普通学最宜也。以兵学生皆大学之资也，故以补习名之。若其通用大之乎，则照旧名曰某县学，不独不加中、小字，即他字亦不必加之。如恶士弗校之但名某地加列住，而后即合为大学，最便也。

科举既废当设法网罗安置士人

盖各县土地之大小肥瘠与人民之多寡不尽同，其在吾粤之南海、番禺、顺德、香山、东莞、新会、新宁之民多且富也，必能集资而成，足备大学之资格。其一县中之大乡人数十万，如顺德、龙山之类，亦可成一高等学焉，或更可成一大学焉。其中县亦必可成一高等专门学。国家但就其资力之所至，而听其为大学、高等学，不必以其资格而额定焉。府亦如是，省亦如是。大率论之，府必有高等专门学，每省必有大学，然皆宜听人民及长官之自为计，听其水流沙转，而国家但为奖导，顺而受之。如其有力，则一县成十大学，尤可喜也。育才务多，国家何靳焉？假今吾国有百千万大学生，不尤文明之至而为国光耶！何苦自斫而务少之，从而坐令美国人自炫其大学校之多乎？至于日本之但有两京学，盖由其国小人贫、财力不逮使然，

国家应奖导办学不必以资格额定

非理之至也。或谓医学不备，不足为大学，亦非也。美之西林抓、李抓鳟无医学矣，欧人大学无农工商矿，岂可谓之不得为大学乎？

请定大学高等专门学校之资格

今请粗定大学、高等专门学之格，而各省、府、县之人士集资合力，能应此格者，学政视察，果能符合，即奏明以大学、高等学之名与之。高等学若粤之学海堂、菊坡精舍，浙江之诂经精舍，四川之尊经书院，皆有分业，并多教习，可以名之矣。然虽列之于高等学，但亦不必改其本来精舍、书院之名，以存旧典。

大学之资格如左。

大学资格

一、学生皆经补习普通学而来，否则家自延师，以能通普通学为合格。即以普通学诸科题试之，能应问即准其入学，不拘是何资格。

一、分科各听办学人内定，然以能备六科学、两国语者为合格。

一、每科必分门目，多少听办学人自定。然每门必有一分教习，每科必有一著名之大教习。诸科合并，必有一尤著名之总教习。

一、必有一博物院，合中外古今事物须在万种以上。又必有一藏书楼，合中外图书必有十万卷以上。

一、学费额数须有百万，以购办仪器、图书、房舍，馀留养学。

经学政验视合格，可为奏请立案。

大学允许自考科第

既许名为大学，即许自考科第，为期三年毕业。而考试则须由校长、总教习请学政亲临，会同面考。合计其平日积分，凡问十得五，即认为合格而取之，援用古今雅名，曰某学秀才，或用《王制》名曰秀士亦可。其再学他业，或入其他著名之大学暨京师大学者，经一年或三年再试，学政监临如前，考取合格者，名曰茂才。除京师外，其某处大学可有茂才名号，分别酌定。遇有考拔出外国游学，或备供他项用途者，名曰选士。选士资格与茂才同等。其自本校出身，领得秀才、茂才、选士衔名，确成专门名家、博学著书而名业昭著者，经校长呈明学政，上之学部，由大臣会同京师大学试之。合格引见，授位曰某学博士，比今之进士焉。

高等专门学之资格如下。

一、其一切概与大学同，但分科目、集资财、延教习、购图书、置仪器，视大学为次而不能足其额者，即属此学。 高等专门学资格

一、此学三年毕业，亦由校长、总教习请学政会同考试，计算积分，取录合格者作为某学毕业生，或曰优生，发给文凭，可任此学艺之一切职业及同科教习。其入他大学，可不拘年限，应试合格者可取录为秀才。

一、若有数高等专门学舍而能如大学分科、集资、延师及备其图书、仪器之额者，即可作为大学。

盖自专门学以上，皆有用之才，故给予学位较为从宽，用示激劝。吾国从古贵士，人民又多向往，科第之心最为炽盛。昔者士人应乡、会试不止十次，请枪替者甘费 自专门学以上皆有用之才

万金，而各省军需之捐输多者，辄增其学额、举额。今科第既废，犹是人也，好慕之心更盛。绅士向来有权望于其乡，人人能自开大学、高等学以自得科学，以使其子弟皆得科第，则其鼓舞大学、专门学之兴起，必有大效力焉！

作育有成在于善聚资金人才

夫以恶士弗之作育有成，不过在善聚教习、图书、仪器，因以集聚人才。若是则吾国苟能急起而直追之，恶士弗之创立必达无数，而人才亦不可胜用也。假使各省、府、县各集其百万之资，以置备无限之图书、仪器，则人才愈出愈盛，岂非良法美意哉？此法之于各国或无大效，而于吾国最宜盛行而最可见效者也。此例若行之三年，吾国必有数十大学出焉；行之十年，则大学必过数百焉。此惟数千年崇儒、重士、贵科举之中学所能有乎？

大学日盛中国必以文学冠万国

夫以一大学而学生数千人，多者且万人，既有科第，可厚收其脩金，以增置图书、仪器，而学自然日盛也。十年后复有数百之大学，而大学生随之亦有数百万。钻研启发之馀，中国新书、新器自必日盛，况中国故文学第一国也。结果必复其始，不及十年，其必以文学冠万国，于以前无古者、后无来兹，不亦伟乎！

监布烈住诸校

监布烈住计共二十三校。其大而古旧有名者有十馀校，若王校、偕士校、噫马臬噫路校、伽亚校、色噂校、耶稣校、女后校、割顿校、嫩嫌校，而边布碌校、彼得席校尤黝黑而古旧，云校有英王行宫。盖英王昔曾学于是，后每临学，必谒其师，故立行宫焉。尖塔耸峭，作三面，轩悬形，前覆垂藤，华木幽胜。王校高塔、圆穹、祈殿、道场皆极峻伟，备觉庄严。

色噂校、女后校临伽力桥，花木浓郁，风景至佳。而屯地校圆桥幽艳，垂树毵毵。色噂园草树夹流，景尤幽胜。屯地校门刻镂亦极精，盖甚古者。阿顿卜碌医校，其医学甚有名，吾国闽人之在南洋者，多学于此。吾皆游焉。

“欲考欧美学校之情况”至文末“有自行车室”，与后文《欧美学校图记　英恶士弗大学校图记》相关部分基本重复，文字大同小异，因底本不同，故两存之，以便参照。

欧美学校以英恶士弗最先，大学名列第一

欲考欧美学校之情况，必得其最大最先之规模而印证之，然后一切后来之条理乃可求也。美国学校，系出于英。欧洲各学校则以英之恶士弗为最先，而于大学之中名列第一者也。在英国为至古至大之学，英人自夸为地球第一焉。盖一则以其最古，二则以其为校最多，三则以其成才最众也。最古者，此中计有啤料校，始于西历一千二百六十三年，正当我宋、元世。而在彼十四世纪时，则已有五校。英王咽活第二创开阿料校，咽活第三后创开女后校，而大学校、玛利亚校新校同时创于此地。嗣在十五世纪时，又增二校，英王威廉创开玛地各校，耶稣校弟湾地继之。在十六世纪时，复增六校，伊丽莎白女王创开耶稣校、巴色噂校、稚拿地校、卑理顺那校、试烟问诃校、可罢士伽士地校。继之英王占士第一又创边布碌校。至近数百年，数益增加，乃为廿一校合而成为一大学。故诚属各国所无，而亦最大且古者也。

其楼阁峥嵘，石筑完固，巍然峙立于恶士弗一市中。塔宇相望，形制各异。极目数里，皆是校舍，诚清异瑰伟之地也。监布烈住在后，亦同此式。吾后游美国波士顿之哈佛、臬嬉份之耶路及全美其他各大学，皆仿此制。则恶士弗诚可称为鼻祖哉！盖其开创先于五百年前，英之前后诸王既创垂而奖导之，为数固日有增加。而自伊丽莎白之后，益宏奖大学，揸理士第一、占士第一皆迭躬临视学。王子之入学者，后为帝王，列像于壁，昭垂百世。其馀英国数百年来强盛之名将相，以及硕学名士，皆出于是，是以享名最盛也。

硕学名士辈出享名最盛

原夫此学，实为最旧。始本由神学，进而为人道学、复古文学，而增入近世之哲理学，旁更及于医、律，而于物质应用者稍稀。盖其学生率皆讲求希腊、拉丁文学，翩翩风流，自视贵异，不肯与凡俗伍，有中国人士之风。美人乃专以实用为主，故将农工商列于大学，而不重希腊、拉丁之文学，近且将议发之。颇有讥评恶士弗之守旧者，而英则绝不少改。然欧洲大陆各大学，亦皆以各工艺、农商置于专门，而不以列之大学，是亦浴于恶士弗之风化也。其用意盖以大学者，专在养成士大夫之人才，而以专门学则为实用焉。

大学专在养成士大夫之人才

吾于欧美各国之法治，最爱英人。他若法之疾驰躐等，扫除一切，固不见功而祸患孔殷矣。即美之专务实利，则亦有质胜之患。惟英之进化双轮并驰，大地鼎新，一切皆自英始。而抒怀旧之念，发思古之情，令人俯仰徘徊，雅韵深情，悠然自远，所以长养人士之高怀雅性，悱恻缠绵，故能旨趣贞固，寄托遥深。虽慓悍不如法、美，而坚定深稳，卓然不败。故英之所获最多，鲜有不收效绩

欧美法治以英为优

者，实其风俗有以致之也。盖人之于道，温故、知新皆不可缺，进取、保守两宜并顾，稍有所偏，皆足致病。相其时宜以为步骤之疾徐，若天马鸣銮，温然而中节。孔子言道，最贵中和。英之为化虽不能遂至是，然合各国而较之，其亦稍近于中庸者耶！《诗》曰：不刚不柔，敷政优优，百禄是遒。英得刚柔之宜，协新旧之变，从容以赴，不疾不徐，真所谓“敷政优优”，宜其“百禄是遒”哉！

孔子言道最贵中和

吾国向来只知保守，当万国交通竞争之世，而行以数千年朽弊在之旧法，必不能竞存于新世之中，是则不可不大变。故当戊戌时，吾甘冒犯一国之怒而毅然思变之。今之时，人人亦既知变，则应就轨道之可循者寻求之，亦有宜温故存旧者。苟不问其可否，一概屏除，见西法则师之，见我法即弃之，既不能保存国粹，则无深情雅性、逸旨高怀，而人格斯下。且夫一国之立，自有其固定之精神，不在其表面之形式。若只知事事从人，以顺为正，是奴仆也。此在野蛮之国则可，岂具有数千年文明之中国而亦甘为婢妾之行哉？

一国之立自有其固定之精神

波士顿一瞽者语我曰：“各国立国之道，皆以具有自立之精神为主。闻贵国有志之士急于变法，而一切乃舍己从人。考之各国自立之道，皆不如此。然则敢问君之宗旨如何？”吾甚愧其言，乃指吾服而示其相者曰：“诚然吾乃首变法者，而吾终不变吾服，盖以吾道固有自立之道也。”今之人士能变法者，言衣服则欧装之迟难不便，言饮食则欧餐之干淡不调，免冠之易为风吹，握手之病易传染，此皆欧人与我自言不美者，乃吾国人虽于其至恶之，亦复从之。至言及年代，则动引十几世纪，夫华土固有其数千年文明正朔，昭然自立，与西历何与而先自降耶？世乃三十年之义，又何其不词？在日人之岛国，旧无文明则可，在我从之何为？其他若祭祀必以去烛为言，甚且行礼亦以立揖为敬，几如稍存国俗即为野蛮，少用西风即为文明者。无耻至此，有识同悲。种此奴仆根性，他日何以自立？试问立国盛强之道，果在服食、行礼否？如必在此，变之宜速，否则徒令欧美人笑吾沐猴而冠、生心害种耳！以吾国之广土众民，苟能自立，何不使人转而从我乎？善哉！英之兼重保守而恶士弗之能存古也。宜其人才之众哉！

立国强盛之道不在于服食行礼

恶士弗廿一校，每校各有施主，各有学费，各有校长，各行其政，又各有校舍，各有公共食堂、藏书楼、祈祷讲道场，各延教习以讲授。各校学生，多者数百人，少者数十人。如美国联邦之各各自立也。而由国立一校长、总教习综持之，别有合自廿一校之公共藏书楼、祈祷道场、试院、公议堂以统之，如华盛顿、普鲁士之政府焉。此其所以为大也。监布烈住大学、伦敦大学同其制，不复详赘。

恶士弗学校之规模

观学生竞渡

吾尝观夫学生之竞渡矣。设帐棚于河干，画舫栉比，红女联翩。竞者得胜而归，则所欢或其所识之女举帕欢迎，掷果欢笑。其义主导乐以畅魂灵，习劳而壮体魄，未可徒以佻达议之也。吾国重礼守教，斯须之间，不庄不敬则以为轻佻，故坐如尸，立如齐，正容止而不妄语，足容重而不妄行。于德行吾为尚，于和乐彼为畅。然人之所以为道，皆以为群也，不损于其群者，无可议焉。行己之齐庄，一己之私德，非有益于人群也；与众乐乐，则能欢洽于大群。夫以己与群较，则群大而己小，当舍小己而从大群。然则尚乐者，尚较有得也。

舍小己而从大群

藏书楼有数所，博物院亦甚大，吾皆游观焉。书楼计有书廿馀万册，博物院有物事数万种，胥以备学者之考察，其文献亦足征矣。各国大学规模率同。其阅书有立铜表二尺许，上置木板，可圆转，可欹斜，置书于上，以便阅者。边缘有钉，以护书焉。吾登书楼之顶以望恶士弗全市，但见校舍触目接，塔棱耸矗于烟云间，花木溪流周遭掩映。盖精舍、书斋必宜择清胜之地以避尘嚣，乃足以养学者之神魂。遥望大钟楼，夕时响百八扣之钟声，足助清听也。英人所谓系依昔之学生数，然百八钟声在中国寺庙皆然，乃出佛法，印度俗也。英人不知之而妄加附会，或不肯认为印度俗耳。

游藏书楼及博物院

大钟楼百八钟声

飞桥交通，树径花溪，行吟清胜。有某诗人行处，今以名其路焉。其公囿甚佳，畜鹿百数。吾居恶士弗凡四日，每晡游焉。时为光绪三十年六月九日至十二日也。

学生多寓校外，室颇清整，近公园者有佳者。有行歌于衢者，衣服修洁一如常人，乃乞丐也。给之以钱则受，彼固不行乞于人，但以歌唱悦人耳。以博人欢，人则给以金钱，亦可谓食功而非食志。然衣服整齐，则诚能不辱国

行歌于衢者

体者矣。

泰西争教之惨酷

市中有旧时焚新教人处，泰西争教之力，惨酷至此。夫教以益人者也，若此是反以为毒矣。新旧教之争，死者百万，乃得行之，其与我国汉、宋朱王之相攻仅以笔舌，相去何远哉！

有东方茶馆，遍挂东亚器物，出售所食有一茶、一饼或酪，价三佩尼。

游戏院

戏院广大庄严，仿罗马斗兽场式，亦为演说处，皆许外宾男女入座观听。有竞走场，有竞渡处。欧人之立教与我最异者，莫若此矣。然孔子之六艺，以礼乐并重。我国旧所偏重者礼者也，欧人甚称之，欧人所重者乐也。礼主庄敬，乐主和乐，盖皆圣人之道而人道所不能无焉。其学生皆登堂扮演，骤观似甚游戏。然《武》之为乐，天子亲舞，冕而总干，一成而北出，再成而灭商，三成而南，四成而南国是疆，五成而周公左、召公右，六成后缀，以崇天子，六成之中，歌《酌》《桓》《赉》《般》，岂非今之戏剧乎？然则何怪焉！所异者，于学校中诸生等扮为男女之戏，未免媟而不庄。然欧人以寻乐为主，父母、子女亦复戏扮男女，以招客娱宾，不以为怪。

礼主庄敬乐主和乐

盖欧人之视男女游戏，不以为媟，亦其礼俗使然也。此事得失，正难言之。以其波澜远大，关涉极重，故欧人不贱俳优。昔士卑亚之词，如吾国屈原、太白，不止汤若士矣，士人莫有不讽诵者，而昔士卑亚乃一优人也。顷英国某一名优死，英王唁之，英廷自巴科以下诸大臣皆往

欧人不贱俳优

莎士比亚之词士人莫不讽诵

吊，惊动全国。盖其人本有文学，能自创新剧本，吾往观之，旌旗变色，无所不备，兼诸天星界之人物、礼乐而一新之，故自不凡。然在吾国，终不能行此。夫戏者乐也，乐以化民成俗者也。既所关至大，乌得不重视之？亦既重视之，乌得不以学生学之？吾国以虑其媟也而轻鄙之，士人遂不屑为；且以其为优者，竟不齿于人数焉，故乐益坏而位益下。而戏剧既无通人主持，乃益趋淫靡，而无裨于风化人心焉。大凡物为人情所同好而不能免者，则为治教者必当有维持之，不能以轻鄙绝之也。学者愈轻鄙之而又不能绝之，愈败坏矣。夫道者非从天降地出者也，因人之身体、性情率而行之之谓道也，故孔子曰：道不远人。戏剧者，人身体、性情之所乐好，所谓道也。既有此道，绝之而不裁成著美之，则俗化衰矣。故学生之为戏剧，岂非所谓“道不远人”者耶？若其竞走、竞渡，所以有水陆之嬉而强肌肤之节，寓之游戏之中，以为有用之地。欧人救火援溺之行，亦类此哉。是因事设教，所以致于人用者也。

因事设教所以致于人用者

啤料校开创至古，而学人至多，迄今犹然。现有学生百馀人，脩金每季四磅。房租食用，中等者月十二磅，奢者或不止此；俭者尚可稍省，但不能从容应酬交接耳。每岁学期计二十来复，约须费百五十磅。

啤料校开创至古

凡学生新入学者，不论学位，万国皆可，但投愿学书则试之，必兼三国文乃可入学。欧土概以英、德、法三国文为一般通行者，古文则希腊、拉丁也。拉丁文在中学时

新生不论学位国籍

已有之，故必考拉丁文，通乃许入学，因英文学多根据拉丁文也。其馀阿剌伯、印度文、西班牙文皆得任备一国文。今年新增中国文，能通之者准作为备一国文矣，美国有数大学亦同此例。盖交通渐繁，而欧美人亦已渐留意于中国也。

同学礼仪甚似吾国翰林衙门

新学生入学时，按礼不能自往见旧学生，旧学生先来则可，惟至第二学期则可任意。同校生新来者，旧生必先请酒，而后新生乃敢请之。若请茶则新旧皆可。先后同校者，月必请茶，其礼仪繁复迂构，甚似吾国翰林衙门焉。

学生会及其公会

学生会有公会，其公会分藏书室、阅报室、辩论室、发信室、写字室、食堂、烟室、茶室、打球房、花园，莫不咸备。公举人分任其事，以便学生之息游、观摩、讲论、办事焉。入会者人纳金一磅，又每学期纳二十五先令，经纳九学期后即无庸再纳。好写书札者，纳三先令，若立交十磅者，后无庸交。规条详明，堂室整洁，园林幽蒨，甚可游息。其藏报无不备，当日俄之战，日日皆有电报告大众焉。学生之来信电者，皆于公所发收。其办事室每来复四日八时至十一时开办，公举一人主持之。凡游校，须三先令，有学生导游者。免学生之领人游者，许带九人，多一人纳三先令。若学生不衣礼服，概以常人论，即学生亦收诗令。校中有戏院，有印字馆，有自行车室。

苏格兰噫巴颠大学参观记

此篇作于1904年，据全国政协文史资料委员会藏抄件。

此学四百年矣，玛节所创。石筑二层，体制甚古雅，上盖雕刻甚精，地皆黄磁，门楼作四梁，冕式。有祭殿，甚庄严，以祈于先圣耶苏者也。每来复日，教习率学生习焉。盖欧土学校，无不有殿以尊先圣者。一室遍悬前教习像，数百年中之名师皆备此，则尊先师也。立学必尊先圣先师，以教后士，此真中西所同。我国之立学，宜尊孔子，乃义之宜。今人徒知师日本，乃至有欲废先圣先师之释奠者，何其妄哉？日人亦何足法哉？观其藏书楼，有书十二万册。其中有十八世纪利那士画，值金万磅，有埃及、希腊王七百年前之银钱二百元。其试场作四柱，长五六丈，亦以备集议。学生多住于外，以二校合为一焉。

噫巴颠大学为玛节所创

欧土学校无不有殿以尊先圣

英国女子小学参观记

此篇作于 1904 年，据全国政协文史资料委员会藏抄件。

中国二女生

院宇、园林整洁华秀。女教习导观其食厅、琴室、楼上、后园莫不周。编学生九十人，住校中者十六人，教习十四人，兼教德、法语。共分九班，随其年之大小为高下。所教皆有缩型以指示之。学生咸有礼法。吾国女学生二人在焉，均自南洋来者。一陆佑女，一陆秋泰女，明慧好学，皆吾译人周国贤之戚也。其料理之保母，英女也，年四十馀不嫁，待之极慈，真可付托者也。

苏格兰京噫颠堡大学参观记

此篇作于1904年，据全国政协文史资料委员会藏抄件。

此大学校三层石筑，亦甚黝黑陈旧，各校皆三百年矣。其新校则二十四年，亦三层。制类恶士弗，分医科、文科、神科、理科、律科，凡五科。学生二千五百人，教习四十五人。此校医学最有名，但医学生已达一千八百人，盖居全校十之七，医科教习十二人。学医者多于是，且苏京费用俭于伦敦。吾所识南洋学者林文庆，即学于是校者。医学院二层，讲室不大。东二层为讲化学处，可容六百人坐。正面为解剖室。

此校以医学著名

英国恶士弗、监布烈住两校参观记

此篇作于1904年，据全国政协文史资料委员会藏抄件。

冠服皆有特别之制

英国恶士弗大学学生，冠服皆有特别之制。冠为平顶，四方斜角，后面垂带，与吾明世秀才之方巾略无少异。何中西相距数万里，而相合竟若是欤？其袍服尚黑，褒衣博袖，亦与吾国古服同，但正襟无扣钮耳。其考试及格者三年毕业。为啤噫（b a），略如吾国生员，其袍皆加搭，白领，展垂于后，其方巾垂绥在前。又一年升为吠噫（m a），略如吾国优贡举人，日本译为文学士者也，其袍服背加红领，展垂于后，皆方巾垂绥于前。医、律生则蓝搭，乐学则红搭。其得升为虘打 Doctor，略如吾国进士，日人译为博士者，则红袍。而各科互少异，或有神，或无神。若神学则缘红边，自肩直垂下。乐学则红袍黄肩背，冠以圆。其医、律学之优生曰啤这髆，神学曰呷的。教习方巾，袍加白搭。助教与神学博士常服袍，而微缺其后裙。校长袍金边寸许，自肩直垂，肩袖有金六道，广寸，长数寸，皆见图。监布烈学校之袍过膝，恶士弗大学之袍则不过膝。然学中人皆不愿衣此礼服，致对学生间以罚例行之。

在校程序

一、听讲。一、会食。一、考试。一、领凭。

至初入学，与谒见教习、校长，考试，领凭，必须黑衣，加佩白带。此与吾国入学登第即佩忠孝带、用白色同，亦异事也。 在校程序

禁例

一、出街。一、夜游。一、衣袍巾时，不得与女子共谈并行。家人不在此限。 禁例

以上若违例，罚五先令。又衣袍巾时不得食烟，违者罚五先令。有巾无袍、有袍无巾者，罚五先令。

馀下依例者，皆有罚款。然学生有好佚游，皆以为不便，率不肯服，必不得已则怀之于身，俟必须服时一穿著，旋则立卸脱之，有如游戏，但求免罚耳。监布烈住与伦敦二校皆同。

别有监督一人巡视衢道，遇有学生不穿著巾服者，辄行责罚。然苟稍在学校界之尺寸外，禁视则并不如此严。

学生定例，十时后不能出门，入门则可。故学生外游，至迟十二时必归校，否则一经监督查觉，逐出一学期。若寓外之学生私出时，屋主必须报告，否则亦罚屋主，固不能私徇也。然学生托词以出，时或迟归，亦不必

查觉而必行罚也。吾往游之夕，到校已夜二时，尚有学生自伦敦观剧同车还者，可推知矣。岂所谓立法严而行法恕乎？

立法严而行法恕

恶士弗、监布烈住两校，略皆三千人，率以世爵及富贵家人为多，恶士弗尤贵重，而伦敦大学为稍次。盖一国之世胄俊秀，皆集于此矣。缘其校为国家大学，自此出身者最有荣名，其世爵及富贵家子弟，出校后可骤登大位。有时王子及□子亦来就学，至若宰相、大臣之子，则必不出此二校。故富家子弟入校者，借以交结权贵，预为将来仕宦之地。或者借大学之虚声，归以炫诧其乡人。若夫命俦啸侣，饮酒看花，击球泛艇，群党既众，乐趣尤深，是则固为少年之所好也。风俗既成，骄奢相尚。衣领冠靴，宜如何而求皎洁。酒食燕饮，宜如何而尽欢娱。应如何而迎合致富贵之具，应如何而揣摹挟其财力以施行。故秋高气爽之时，学校开学之际，则游女万千，来居于恶士弗、监布烈等市。夏五避暑，则又星散于各方，以待九秋而复集焉。学生者，人人各与交游焉。其终日并肩游园、沿溪泛棹者，比比皆是。诸生既用以结交之费如彼，游乐之行如此，故学中所费甚昂。富贵家子，动可费至千磅。即在校内稍事应接者，亦须三四百磅。若仅费二百磅者，自须寡欲崇俭，否则须赁居校外矣。故学生学费虽多，皆无有足者，其销费之太夥也。□□□□盖校外千百市廛，抱无穷之欲壑，寄奢望于学生，如吾国之乡会场赶考者然，皆待养于三千学子。非此富裕之学费，何能供之？然学生之

以出身国家大学有荣名

学生交游骄奢相尚

消费既多，亦遂常虞不足。惟以富贵子弟人数居众，故市廛恒信赖之，学生取携于市，皆不须现货，积久不归，更出假借。然苟有负欠过三月不还者，监督知之，可停其学课，用是学生颇惴惴焉。其中以冶游浪交而不能还债、隳声名、作奸犯科者，往往亦可。嗟夫！夸富于学，相习成风，此讵非尤甚之恶俗耶？

夸富于学相习成风

校中所立之学课既极宽，每一科时历三年之久。所习书则仅为数十馀种，由其选择，每星期向其主教者问难，监督其学课。盖来学者，皆成人学者待之，由其本人自己精进为学也，自求自进也，可谓至简易矣。岁有避暑假期。自西历十月后开学，至六月停课，中间不过八阅月。而三季之中，每季有六来复，在校者十八至二十来复耳。因其普通一切之学，已皆略备于中学之时，大学初无所加。苟非挺出人豪，不抱经国之志、名世之心入校者，只专以领取学位、博得功名为事，如中国人之希异科第者，甚相类焉。其于我国京师贵家儿及各省宦家子游于京者，略有同也。吾向恨吾国学风坠地，士子无学，偷惰纵欲，识谫志颓，以为国家之衰败，学者有以致之。传闻欧美之学风以英、德为鼎盛，英之恶士弗、监布烈住二校开创先于欧土，学规美密，人才众多，杰士俊髦咸出于是，闻且冠冕大地，各国学校不能比之。即自美洲西部大学与日本大学之毕业各生，如入东部大学若波士顿之哈佛、纽约之哥林布，均须考试。又其东部及法、意等国大学毕业生之入此二校，亦必须考试，是其程度至高而声誉至盛矣。孰

校中所立学课极宽之失

美哈佛哥伦布大学亦不能满望

意亲到调查之，乃竟其中亦不能满望耶。吾用是思及后汉时，大学诸生三万人，郑康成、蔡兴宗弟子万人，曹曾、楼望箸录九千人，其中率能激厉名节，裁抑公卿。宋、明时之讲学，朱、陆、王、湛之门亦皆万人，其馀诸儒多千数百人，遍于州县，学行备崇。以比之于此，教化相离如何，可想而知。吾国人向以中华自命，目外人为夷狄，固谬矣。近则以欧美强盛而惊畏之，误以其国人皆为天神豪杰，而视其大学校尤尊敬如上帝，则愚妄亦甚矣。

粤馆入学程序

粤馆入学程序

一、先立一学舍备具房室，以待学者之来。有讲堂，有住斋，有厨房，有食堂，与各国经营一校兼备各室者同。德国大学无住舍与□其馀。恶士弗学室，租率每一来复七先令为多。力不逮者许外寓，年廿五岁以外者，住客舍亦听之。不及岁者则不许。

大学不必限于都城

恶士弗距伦敦汽车一时半，凡一百二十馀英里，几四百华里矣。当时开学于此，遂促其盛大也。当未有汽车之先，英王常行幸焉。岂必限于都城而后始可为大学哉？

观学生房

在监布烈住，吾曾入一学生房，亦分书室、寝室、溷室。房租月七磅，食用月二磅，其最上者房租月十二磅，下者四磅，皆有公厨，自膳者亦无数。房中器用、地毡、墙纸，皆自置备，亦费四十磅云。

恶士弗大学图记

此篇作于 1904 年，据《康有为牛津剑桥大学游记手稿》，北京图书馆出版社 2004 年版。

文中称“科举已废”，此文当作于1905年或以后。也可能是作于1904年，康氏后来又有修改。

总书藏古物

恶士弗总书藏古物甚多。有希腊贺梅尔诗，纸墨极古。有十纪之地图，极粗，几与墨西哥土人同。然吾见今官书各地图，其粗恶亦可比，则彼十纪在野蛮时代更不足算也。此楼即有中国地图，亦甚粗，纸墨甚旧，类明世者。有中国书数百种，然殆无人能读，堆埋尘中。诗人舍利，以攻教逐后有名，故留其诗、琴及镖与手书，盖一善之长不没，以感动后人焉。

中国地图及书籍

藏书居英第二天下第六

藏书凡七十五万册，书目亦八百本，墨迹及抄本三万册。在英为第二，在天下为第六。呜呼！以一学校而藏书之富至此，宜其成学之盛哉！此楼白板灰藻井，甚朴。两边分作十室庋书，中作道。乃钵连所创建，故供奉其像及存其铁柜焉。有耶路撒冷缩型，盖恶士弗学本神学之馀，故尤尊教迹也。有巴比伦刻石甚多，文尖似天发神谶也。有加拉吉打袄祠缩型，吾昔曾登其颠。有印度屋六层，皆在地下住者，名王名士之像悬列两壁，有楂理士第一及第二与其后像，披发，第一像甚寒，此其被杀者也。有显理第七御案，蒙以黄绒，制似中土，以为记念。威灵顿曾为本学校长，故像存焉。

校长皆以名臣兼任

恶士弗、监布烈住二学校长皆以大臣之有大名者领之，故惠灵顿亦尝充焉。戴发冠，仅露面，各国王大臣皆然。发短二三寸，促成鬈形。衣红色长袍，每二寸镶金寸许。不理事，每年仅到一次，惟授博士乃到。各博士跪领封号。其授啤噫等名位，皆不理。地位尊重，以空名领之，甚类吾国之管监翰林掌院，而其不理事且尤甚焉，直与大学士领内阁同矣。故知旧国多此体制，且英有贵族，故尤当临以重臣，然亦诸生所乐引以为本校之尊重焉。其校中事，皆副校长理之。副校长以各学大教习轮充。每一科学有一大教习，名波非（P. F.）。其讲师惟大教习所请，凡数百。其中华学大教习名褒洛，岁（惰）〔入〕三千磅，诸生来听讲三磅半，而仅讲一次，诸生仅二三人。华文之为人轻弃若此，国势之不昌甚矣！

华文为人轻弃

游神学馆

游神学馆。凡初入学在神学馆，为初入学地。正面高尺许，设中座，副校长坐焉。分校长带学生北面列班立，分校长立于下。每生给拉丁文学律一册，乃诰诫以守学律，仪甚肃严。学生诺，乃就旁桌名册亲署名，并声明贵族、平民等字样。

游考试馆

游考试馆。白石壁明饰，填地亦以杂石，颇伟丽。内分试院甚多，视人多少。如吾国考优拔贡，人数甚少则亦入小院也。其大院试官有高坐，其试坐左右几桌如中国童试。然其试官由各校长公议请之。若本校长不得充补，以防其私，此亦积久生弊致然也。明时房官亦由聘请。诸生经四学期考不得第者逐出，然准还家修习，及格再来应考。而吾见恶士弗校竟有年四五十经十三年不得一啤噫（b. a）者。啤噫者秀才也，则亦与吾国老童经十数考不青一衿同矣。但其试问以积分为主，问十得五即为及格，又无限额，其易至矣，而亦有累试十馀年不得第，岂非奇甚？吾见吾华人士在欧美诸学者，试皆前列，又多第一，美费城某有十二次第一者。彼皆谓吾华人长记诵，故应试易胜云。惟试期甚促，仅限三小时，各问本科题凡五六，亦有一文长至千字者。然但问能对否，不拘长短，皆用草书，故捷疾，不费时也。

华人士在欧美诸学者试皆前列

吾国旧例，试生太多，有至万馀者，而试官太少，故阅卷难周。于是设房官幕友以分之，而遗才多矣。以阅卷之日难周，于是专重首场八股，而二三场经策不暇阅。于是士人不复措意经场，而束书不观，空疏谫陋矣。其最大害者，莫如限额。于是房官幕友及试官皆有额，虽有美才，或以额隘见摈，而不才或以额宽备录矣。又无积分以考之。唐时试士，准呈平日之著作，以为行卷，宋时行三舍积分法，亦略同于欧美法焉。明及国朝乃徒凭一日八股之文以定得失，故去取多不当。其限写楷法，故尤迟滞。若夫乾隆中叶后，朝殿专以楷法竞胜，而殿试甚者一字不通，全策不对，但用方光乌之楷，遂以抡元入翰林，而书

中国科举遗才甚多

清朝殿试专以楷书竞胜

法不工者，即复董、贾，亦必摈弃。故百年来，举国人士研精楷法，举子以上，经年终日埋首为之，其事尤异，一日不弹，手生荆棘，故尤须日日为之。夫以举国诸生、举人、翰林皆束书不观，而日事此至无用之楷法与空唱之八股，如此者近百年之俗也。

此百年中，正欧美人铁路、轮船、汽机、电器日出之时。彼奖新器专利，始于彼一千七百九十五年，恰当吾乾隆五十年奖励朝殿楷法之日。彼百年中，新器出十九万五千具而霸大地。吾百年中，笔秃亿万管，墨磨亿万挺，合全国人士所写作之八股大卷、折子亦何止十九万五千之新式，而纷纷割地赔款、失利失权，几亡中国。其功效之相反如此，则试之有用无用异也。不然，以中国开学之早，试士之早，而收效何以若此其酷哉！此亦天下古今得失之林可以鉴矣。吾戊戌之岁，是以力请废八股、诗赋、楷法也。

请废八股诗赋楷法

今科举既废，旧害虽除，而限额之大害馀毒未殄，草书法尚未行，此亦有司不可不留意也。学生年二十一岁者，许为法学之啤尸噫（bca）。法学卒业后，仍须再入法律院三年，乃得给大法律士文凭。其小法律士须在大法律士家当差五年，乃给文凭。其大学卒业仍须入法律院者，以大学所学者万国之国交法，而法律院所习者国内之民法也，故须另习乃能充辨护人。监布烈法律院分四目：一民法，二刑法，三财产，四小刑法，其五则国际法也。

学政治学必兼史学

凡学政治学者，必兼史学，此与吾国同矣，实至理也。盖史者治乱得失之迹，国势民风之所寄。各国之史不同，不通一国之史，则于其国之国势民风治乱得失茫然。今学者徒知向慕欧美，几欲妄全移欧美之政化于中土，而不读吾国数千年之史，不审吾之国势民俗沿革得失与欧美如何。夫以彼欧与美政化不同，欧与欧各国各自为政亦不同，而妄以渺不相接之欧美政化，忽然全移植于中国，橘移淮而为枳，雀入水而成蛤，其得失何若，岂待多言？不问强弱老幼男女，而见人之瘳病药方辄欲试之，岂不妄哉！其不为庸医杀人者几希。

讲医院

其（请）〔讲〕医院在博物院内。学生座分高下七层，作半环形。他讲座皆平列，而医院独高下森然者，以请医学多验实形，须众共睹之也。

游博物院

游博物院。有大尺许之蜂窝，圆如地球。有大鸟期之衣哥那顿，鸟骨身高一丈，尾丈馀，以爪似鸟，故定为鸟类。有大兽，长六七丈，高三四丈，今存其蹄，高五六尺，广六七尺，此大兽期之最大兽可考者，盖穿山之龙蛇类云。有美洲土人，画面以别乡种，作形，盖无姓名故也。有木刻美洲古文，凡数百文，横十行，似古钟鼎。有加拿大象形文，如画作人骑马则往也，此为会意矣。凡美洲文皆多象形。为首之高鸟，则酋也，其次辅佐皆作鸟形，殆以鸟纪官之类耶。亦有墨西哥文，吾后在美洲所见益详博，别见吾墨西哥史，今不详。有苏门答腊文，皆削竹简为之，多作乙九七已屯之形，皆简单之笔。有大盘，长数尺，高尺许，如浴盘。又大碟三尺许，乃南太平洋汤架岛食人之器，有血存焉，可考人类之始与兽不远之俗。有阿尔兰渔船，如一大盘，裹以树皮，可以见彼进化之阶矣。有澳洲他士尾呢岛土人，裸身，形黄。

学生公食堂

学生公食堂。显理第八所筑，查理士第一于此开议院焉。四壁悬像，有显理、查理士之像焉，可容二百二十人食。厨大，方四丈，其炉能烧百馀鸡也。

游钟楼

游钟楼。英制限八时鸣钟，则诸生休息。昔某公爵为学生时，以夜舞，故割去钟纽，致钟鸣不响，乃逐之，可见贵胄佻挞之风。环钟楼皆学生室。每学生书房一、寝室一、浴厕所一。教习亦同，惟教习室免租耳。学生室有美恶，租有贵贱。其旧有名人曾住之室，租尤贵，人以得住之为荣。在此堂住食，每季须四十磅，此地皆贵爵富人所争租者。而窗既不多，墙复崩坏黑旧，皆不肯修，学生帘皆红布，其好古如此。吾后遍游美国学室，体制皆同，而窗大墙新，好尚迥异，可推见英美人俗矣。而英人方以学自我创辟自矜，故特留其旧且坏者以自炫也。

白鹿洞诸学改良

吾白鹿洞诸学，他日改良学科，而故堂旧壁正可留之，以示后人焉。其馀恶士弗学室租率每来复七诗令为多，力不逮者许寓外，年廿五岁以外者住客舍亦听之，不及岁者不许。

恶士弗距伦敦汽车一时半，凡一百二十馀英里，几四百中里矣。当时开学于此，遂因其盛大也，而为大学当未有汽车之先。英王频行幸焉，岂必限在都城而后为大学哉。

英王行幸

监布烈入一学生房，亦分书室、寝室、溷厕室，房租月七磅，食用月二磅。其最上房租月十二磅，下者四磅，皆有公厨，若自膳者无数。房中器用、地毡、墙纸皆自置，亦费四十磅云。

其学生冠服，皆有特别之制。学生冠以平顶、四方、斜角、后垂带，与吾明世秀才之方巾无少异，何中西数万里相合如是欤！其袍服尚黑，褒衣博袖，亦与吾古服同，但正襟无扣钮耳。其三年毕业考起者为啤噫（b. a），略如吾生员，其袍背加搭白领展垂于后，其方巾垂绥在前。又一年升为呒噫（m. a），略如吾优贡举人，日本译为文学士者也。其袍服背加红领展垂于后，皆方巾垂绥于前。医、律生则蓝搭，乐学则红搭。其得升为剫打（doctor），略如吾进士，日人译为博士者，则红袍。而各科互少异，或有袖或无袖。若神学则缘红边自肩直垂下，乐学则红袍黄肩，背冠以圆。其医、律、乐之优生曰啤这罅，神学曰啤的。教习方巾，袍加白搭，助教与神学博士常服袍而微缺其后衿。校长袍金边寸许，自肩直垂，肩袖有金六道，广寸，长数寸。皆见图。监布力学之袍过膝，恶士弗学之袍不过膝。然学中人皆不愿衣此礼服，学生致以罚例行之。

冠服有特别之制

学生衣巾服例：

衣巾服例

一、在校。

一、听讲。

一、会食。

一、入学。

一、见教习。

一、考试。

一、领凭。

至初入学与见教习、校长，考试，领凭，必须黑衣加白带。此与吾国入学登科第即佩忠孝带用白色同，亦异事也。

一、出街。

一、夜游。

一、衣袍巾时，不得与女子共谈并行。以上若违例罚五诗令，家人不在此限。

衣袍巾时，不得食烟，违者罚七诗令。

有巾无袍、有袍无巾者罚五诗令。

不依例者皆有罚款

馀不依例者，皆有罚款。然学生好佚游，皆以为不便，皆不肯服。必不得已，怀于身，俟必须服时一服之，既少过则立脱之，如游戏然，绝无恭敬之心。监布力住与伦敦二校同。

有监督一人，巡视衢道，遇有学生不巾服者行罚。然苟稍在学校界尺寸外，则挟游女游嬉，教习与监督不独不责，亦可同游嬉焉。则其罚例只以肃学中之法规，非以成学生之德行也。学生知其然也，故但求不罚，免而无耻，则此严罚何为焉？非以导伪乎？苟且嬉戏之风亦甚矣。

学中定例十时后不能出门，入门则可。故学生外游至迟十二时必归校，否则监督查觉逐出一学期。若寓外之学生私出，屋主必报，否则罚屋主，屋主不能私徇也。然学生托词以出时，或迟归亦不必查觉而必罚也。吾往游之夕，到校已夜二时，尚有学生自伦敦观剧同车还，可推知矣。岂所谓立法严而行法恕乎？

立法严而行法恕

恶士弗、监布力两校学生略皆三千人，率世爵及富贵人为多，恶士弗尤贵重，而伦敦大学为下。盖一国之世胄俊秀在此矣，以其为国家大学，自此出身者最有荣名。其世爵出校后，可骤登大位。有时王子及岁亦来学，若宰相大臣之子，则必不出此二校。故富家子入校者，藉以交结权贵，为将来仕宦奔竞钻营之地。否则假藉大学之虚声，归以恐吓惊欺其乡人；否则命俦啸侣，挟女行游，饮酒看花，棹艇打波，群党既大，行乐尤深，固少年之所好也。风俗既成，故以骄奢相尚：衣领冠靴如何而皎洁，饮三边呢士洁酒如何而亲好，看剧请筵如何而结交，世态人情致富贵之具如何而揣摩，甚则讲求乐博戏之具。盖好行小慧而挟其财力，群党无所不至矣。故九秋高爽学生开学之时，则游女万千来居于恶士弗、监布力之市。夏五避暑，则游女千万亦散于四方，以待九秋而复集焉。学生者人人各挟一女，或兼交数女，以充下陈焉。其终日挟臂游园、泛棹溪沼者皆是也，或亦以订婚焉。闻虽贤者亦各挟一女，其义以为谈笑之乐足以益神魂而助聪明。所谓谨厚者亦复为之，乃至谓修谨者试多不得第以之归咎焉，其俗如此。然在学校衢市中，遇所啮臂交好之女多不敢招呼，以巧避学规焉。诸生既以结交饮酒应酬之费如彼，挟女游乐

恶士弗以多世胄俊秀而贵重

学生交游骄奢相尚

之具如此，故学费甚昂。富贵人可费至千磅；入校内稍事应接者，亦须三四百磅；若仅费二百磅者，须寡欲节俭，否则须赁居校外矣。故学生学费虽多，无有足者，以其销费之太多也。盖校外万千游女，千百市廛，其来去如秋鸿春燕，皆随学生为盈虚，如吾国之乡会场赶考者然，皆待养于三千学生，非此虚浪之学费，何能供之？学生之销费既多，常虞不足。然以其富贵人数居众，故市廛信之。学生取携于市，皆不须资，积久无归，出于假藉。然苟有负欠过三月不还者，监督知之，可停其学课，故学生颇惴惴焉。以冶游浪交而不能还债，失声名作奸犯科者，往往多有。要之世禄之家，鲜克由礼，以荡凌德，敝化奢丽，又聚一国之富贵子弟聚于一所，而又树贵途荣名以为之标而引而导之，其奔走营竞、豪奢佚乐乃势之自然也。故其贫子俭啬，虽节欲好学，轻鄙之，摈不得与伍。故虽贫学亦必竭其力，丧其家，以稍事应酬。夫尚富于学，此岂非尤恶俗耶？

校外市廛如吾国乡会场赶考

尚富于学尤恶俗

其所立之学课既极宽，每一科学三年之久，习书仅十馀种，多或二三十种，至易矣。岁有避暑假。自西历十月后开学至西六月停学，中间不过八月。而三季之中，每季有六来复在校者即合例，合共十八来复，即多亦不过二十来复耳。每季作文一篇，听讲一次，馀不作文、不听讲皆听之。其普通之学，皆略备于中学之时，大学实无所加。苟非人豪，无有经国之志、垂世之心，入校者专以领取学位得荣名为事，如中国人之希冀科第然，其不学难应问

所立学课极宽之失

者，亦有倩替之弊。故中人在学时讲求世故，习时尚仪式，揣摩宦情，如中国人之捐京官以学习官样、通知时俗、交结富贵然。但得高卧三年，极情娱乐，即坐取科第，一生温饱有资矣。故本非为学问来也，为学世俗来也，为取学位来也。夫以恶士弗校之高名，闻学生岁三千馀人，而真修力学者不过三百馀人，盖拔十得一而已，馀则皆浮慕学位之荣名者。而慧佼之徒藉校地为将来奔竞权势者居其半，乡愚欲得学位以谋生计者居其半，世爵胄子巨富家儿少年无知专意纵乐者亦略居十之一焉。在此二校名声皎然，若叩其所学，不独古今哲学之统绪、政治之正变、文学之条理多未问津，即至近欧土各国之风俗名胜，以所经游偶与谈问，亦复于茫然冒昧，惕然惊疑，而我东方无论也。愚陋不才，偷学无志，纵欲忘耻，若此吾粤人也。盖举所熟闻，则盖与吾粤西关富家子及乡曲学者，游学于羊城之学舍者甚相类焉。京师贵家子及各省宦子游学于京者，知识气味亦略同也。吾向恨吾国学风坠地，士子偷惰纵欲，无学识才志，以为国家之败学者为之。侧闻欧美之学风，以英、德为盛。英之恶士弗、监布力住二校开创先于欧土，学规美密，人才众多，才士辈出，英之人杰皆起于是，令闻冠冕大地矣，各国学校不能比之。盖自美西大学毕业生与日本大学毕业生之入美东大学，若波士顿之哈佛、纽约之哥林布、枭嬉份之耶鲁，尚须考试，而美东及法、意国大学毕业生之入此二校，亦须考试。其程度至高而声名至盛矣。而亲到调查之，乃不足观一至如此

美哈佛哥伦布大学亦不足观

也。吾因是思后汉时大学诸生三万人，郑康成、蔡兴宗弟子万人，曹曾、楼望著录九千人，其中率能激厉名节、裁抑公卿。宋、明时之讲学，朱、陆、王、湛之门皆万人，其馀诸儒多千数百人，遍于州县，尤崇学行。其比今英二大校教化，相去岂不远哉？吾国人昔以中华自命，谓人为夷狄，固谬矣，近者以欧美强盛而惊畏之，误以其国人皆为神仙豪杰，而视其大学校尤尊敬如帝天，微论英之恶士弗、监布力住也，则愚妄甚矣。

各国大学之俗类吾粤之大馆

盖以大概之学风论之，各国大学校之俗甚类吾粤之大馆，进上亦及于菊坡、学海与杭州之诂经精舍耳。

一、先立一学舍，备具房室，以待学者之来。有讲堂、有住斋、有厨房、有食堂，与各国经营一校兼备各室同。德国大学无住舍，与菊坡同。

一、学者凡经中馆以后及小大馆可入大馆，与各国经中学后及僻小大学后可入大学同。

一、学者能听讲而解语意，能应问题而作文词，能有财力以出脩金、房租，即可随其意择入一馆，不拘其为举贡生童之地位，一律看待。

各国大学亦然，听人择所欲而自请入校。虽有考试，不过试其能听教习之讲问与否，及所课之书能解之而答其问题与否。其限通三国语，而尤重拉丁或及希腊者。以古旧群书皆用拉丁文。试文亦多拉丁，不通拉丁，则不能听讲、作文，故应尔。此与菊坡、学海之兼讲《说文》同耳。

所须中学之文凭者，以中学教普通学。不通普通学，亦无以为听讲、作文之地。此犹入大馆者，必已读群经，能作全篇八股八韵诗赋同耳。

各国大学脩金不同，略近中国百金上下，多不过倍。能出脩金者可入大学。各国入大学者，并无须学位资格，并无限啤噫（b. a）、呅噫（m. a）乃准入学之例。若啤噫（b. a）、呅噫（m. a）而再入学，亦听校长、教习，亦一体看待。

新定学制限滞人才

我国新定学制之至奇谬而可异者，莫若以国为大学、省为高等学、府为中学、县为小学之名目。而大学、高等学、中学皆限生员始准入之。此最不通而限滞人才，与各国学制至反者也。中国大县童生数千人，领取生员极艰，有高才终身不得一青衿者。而以此立限，岂非坐失人才？夫立学之意在成就人才耳，苟能听受，何妨听其来学？何必以生员限之哉？夫一国之人才多胜耶抑少胜耶？如曰少胜而欲愚其民，可无庸议矣；如曰多胜而以诸生限忿，则是不欲国民之多成学也。

尤有大谬者。我国昔者义隆养士，故学校、书院皆有廪饩、膏伙，以故不得不限额为之。不得不限之者，为筹经费故也。夫以科第之荣所在，国人竭其家业以求之，吾粤县考有费万金而营一案首者。今科举已废，求通显者在学校，其于区区脩金何有焉？何劳糜饷而养之？若既不养士，则立额何为？欧、美、日各大学皆数千人，以无额而听人来故也。吾国大中小学乃笃守旧制，犹限学额仅以百数，岂非恶人才之太多而欲遏抑而少之耶？方今大变，需才至亟，而为此自限抑制之举动，是犹之楚而北行也，何其反欤！其愚何可及焉。

定额及限学位之制周汉无之

原定额及限学位之制，周汉无之。汉时大学生三万人，亦以无额之故乃得此数耳。自州郡举孝秀有额，唐宋以科举取士因之，乃为取才入官之故，官额有限，故举士之额不能无限。然唐时舒元舆已力争之，而千载昧昧，甚乃施之于学校，悖矣！近世科举列名多不得官，然则与入官已无预矣。徒以为搢绅之荣，有同爵位之虚，异于齐民耳。今欧美学位皆为虚爵，与实官奉职全不相关，若欲入官更须另考。然则朝廷何惜此虚名，而不以与民哉？吾见一乡县之中多举人、秀才者，文风渐开，鄙僿即少。若进士、服官者多，其地即进文明者多。馀若穷乡僻县，诸生亦少，即朴鄙不堪。

今世界之较文野，专就外观比之，非竞道德也。欧美愈称文明，而其人之嗜利、无耻、贪诈、不顾信义尤甚，与吾华乡曲人之心直言信相去万里。盖吾华都人品行之不如乡人亦甚矣。况今方当外竞之时，吾国人民太多，即令虚名之荣足开朴僿者，已应以无量之数大布穷乡僻县以开文风。况学生皆学有用之学，学成而足资国用，适当乱世，尤以多为贵耶。各国民寡而士少，皆极意奖励之犹恐不得。吾国民多而贵士，趋学尤众，若令如各国之制，不设学额，不限学位，但能听讲而自备脩金者，即听其入大学。而大学又不限于国，凡省、府、县、乡之举，其程度

学生学有用之学以多为贵

足为大学者，即以大学名之。美国大学二十三，而华盛顿无一焉，岂以地为学耶？或者泥礼经国学之文，则古者诸侯万国有万大学矣。

吾国每省大学必过万人

吾意吾国每省大学必过万人，若广东则吾信其三四万人而不止也。江浙、湖南、四川亦必二三万人。学生愈多，脩金之人愈广，所延教习，所购仪器、图书愈多，而学生之程度亦愈高，人才愈众，其俯视欧美十倍而何有焉？施之实效而大益，考之外国之制而相符。舍此不为，而因缘千年之弊制，深入脑中而不之改，真可异而可悯可伤者也。然在昔犹可原也，今游历之吏、游学之士接踵于外，而于此尚昧昧不之变，岂非大怪之事哉！夫不费国家分毫之力，而可得数十之大学，可得数十万大学之士，且程度增高，人才增出，岂亦恶之耶？此乃今日立学之第一要键。此法不破改，无以广学也。此则有司所宜留意，非细事也。

改易现行之法

一、入馆必有节仪脩金，不能具脩金驱逐。各国大学校一季不能具脩金及一切学费者逐出，数年学期一旦立尽，故学生兢兢焉。吾国书绾学生贫不能具脩金者，师多怜之免之，则视各国大学尚少优也。惟丹墨大学不收脩金，小国寡民，望多人才以植国，故特宽免之耶。

一、教者一人或数人不定，各自轮讲所学，若五经或四书，或诗赋、骈体、古文、时文，或算学。学生听讲与不听讲各听其便，然听讲居大半之数。各国大学校教习甚多，各讲所专之学业。诸生每季除听讲一次外，馀不来听讲者，听。各大学校苟非著名博学精思自得之讲师出讲，则讲师开卷循文解义，与八股师之讲四书同，则听者寥寥。盖以常言之，听讲者远不及吾粤书馆之万一。

一、广东菊坡精舍、学海堂学长八人十人，诸生必择一人执业。各国大学各科教习数十人，学生亦必择一人以执业。

一、馆内斋舍有限而来学人数无限，故有寓馆内斋者，有寓外斋者，有从远搭课者。各国大校亦有校内校外之分，但无从远搭课者。亦有讲艺之院，隔万里可寄问，吾于美国费城见之，每人脩金七十圆。

一、作文与不作文，听，然教者及亲友同学亦有规问。恶士弗大学每季必须作一艺，馀时不作，听。吾粤入馆学，文至惰者亦过十篇，然则尚胜于恶士弗也。

一、寓斋出入居游，各听其便，过惰游者，名师亦时有规问。各国大学出入居游亦听便。虽有学规监督，然多具文而不行。

一、各大馆岁中自正、二月开学至七八月散学，学期约七、八月。各国大学校学期亦八月。然大馆冬令亦有讲经或古文、诗赋，而各国避暑，教习皆散，不如吾粤大馆矣。

一、粤中大馆学生固多富家子慕读书之名，而日夜挟妓呼卢，甚或有赌博典鬻者，但不得在馆挟妓赌博。各国大学学生各挟游女冶游，无所不至，然亦不得在校内之界。至出校外，学生与教习可挟女纵博。吾粤大馆学生尚畏敬师长，是则胜之也。

一、粤中大馆学者多惟慕科第，不事读书，鲜有高才远志，故多有乡愚朴鄙者，而考试亦只此辈。故黠者掇高科而挤朊仕，奔走钻营以得富贵，以成风俗。各国大学亦然。

以上十二条相似何甚！乃知大地上之人，苟非贤哲诞生，以讲学任道转移一世者，寻常立学鲜有不敝化同流者矣。国无盛衰，政无文野，殆同一辙焉。

实际上只列了九条

各国大学与粤中大馆既一切相同，而吾国人才之衰、彼国人才之盛相去甚远者，则不在其学规体制，而在其教法焉。在四百年前，欧洲当中世黑暗之时，全欧各国皆无学校，惟僧领其教权，欧人几无识字者。以柏拉多、亚里士多图哲学之精深，而欧土已无其书，至假十字军之力从阿剌伯而得之，重译而后通之，况其他乎？以视吾唐宋时文学之盛明，真有天壤之判者也。故吾国自古之以文明自诩，鄙视一切，有由然也。

人才之盛不在学规体制在其教法

欧洲中世尚无学校

恶士弗学校始于彼一千二百六十五年，英人在欧土夸为学校第一先声者。其比吾国立学于汉武之世，乃至犍为皆立文学，亦能著书，文翁石室至宋犹在，今班、马谓自是公卿多文学之士，方领矩步遍于圜桥，大学以数万人，而汉季大儒弟子万数。宋世仁宗皇祐二年，命各州县皆立学。故今天下千馀县举宫皆立文庙，以祀孔子，旁设诸祠，并立校舍，皆北宋遗物。虽中国未兴石筑，土木多废，时有增修，而旧址遗型多有在者。如苏州学宫，为范

中国立学在汉武之世

希文舍宅；若夫白鹿洞书院、武夷山之精舍，宋明诸儒讲学之所，遗基尤多。夫以英人有五六百年之校犹自夸炫，保守珍重若此。计恶士弗在数百年前仅为小校，自咽活第二之后，学生乃有百八人，今钟声百八之数犹为记念，则已在彼十五纪时矣。至以列沙伯大奖学艺，倍根出于是时，学校乃盛。盖欧土在十字军战后，路德新教既兴，当彼十五纪时，而古学乃出，始知讲希腊、罗马之学。至倍根出后，物理学乃始发生。楂里第二、占士第一、威廉第二相继兴学，而恶士弗大学校乃始定，则在我朝初年矣。

宋明诸儒讲学遗基尤多

今彼恶士弗之校舍黝黑颓落，污坏不堪。吾遍游德、法、意、奥、美各国及各小国大学，皆轮奂辉新，无有若恶士弗者。英人非不敬学，而恶士弗学租非不极富也。然而不肯修改者，重古贵学以夸其文明之最早也。岂知吾国北宋世千年之学宫校舍尚存千馀所，而剥落颓毁之土木乃倍出于恶士弗之年而多至千倍乎？但交通日浅，中西文译未通，未以吾国学舍之古而且多译告欧人耳。若译告欧人，其惊重敬异，震于吾华之为大地文明第一当如何也？故以吾视彼欧土第一学之恶士弗校，犹彭祖之视孩童，犹猗顿之视黔娄耳。吾尝与美国水利长论文明，彼甚自夸欧美，而谓吾国程度不如。吾谓近百年来欧美新学诚驾万国，吾所不如欧美者百年耳。而吾国文明数千年，今吾国将变如欧美者不三十年可必至，以算学计之，互相截数以百馀年乘除于数千年中，欧人尚不及我数十倍。故吾国人于大地各国，诚无可加敬者也。水利长词折，（听）〔忻〕

北宋千年学宫

然而笑。而吾国人今以欧美一日之强，未尝考察，想像如帝天，自视为野蛮，则奇愚莫有甚焉。忘祖媚外，抑何不自立乃尔耶？

夫中国之立学最久，三代曰庠、序、学、校，汉人名为黉舍，六朝、唐人名为国子监、四门学，宋人名为精舍、书院，今名学堂。日本人译欧美制而名以中国文字曰大学，曰高等学，曰中学，曰小学。岂有他哉？是在教法之精粗广狭如何耳。其在京师，翰林院、国子监、太学创自元明，最为古物，又为王学，比之恶士弗古亦过之。真可雄矜于万国，永为大地第一文明古物者矣。太学题名之碑数百，创自元世，蝉联至今不绝。若在英人与各欧人，不知若何保全珍护，坠碑遗瓦一一爱惜尊敬之，此岂非所谓文明者耶？夫不惟教法之得失，而舍弃国子监、翰林院之雅文，而为学堂之俗称，是进退何居？岂有所得乎？得无大惑不解乎？不知自立而徒事媚外，近之愚妄。人未知欧美为何物，乃竟有欲毁国子监、翰林院并归大学堂，毁弃菊坡精舍、学海堂归并广州中学堂者，不几令英恶士弗之童子妇女笑乎其媚外忘耻，而不知保国粹之文明，己国幸有地球第一之文明物以号于天下者，而不知保全，甘媚外以为人奴，此其愚贱无耻甚于树降旗之写某国顺民，其惨毒甚于杨琏僧伽之毁宋陵掘诸帝之骨，以理宗头为饮器也。

中国立学最久

国子监翰林院为学堂之雅称

人有自鬻为奴者，己身贱辱无耻可矣。乃必强率其祖父为奴，且改题其历代远祖之为士大夫者之主而亦奴之，

谬称变法之人无异于自鬻为奴

其如何乎？今举国滔滔谬称变法之人，何以异是？盖使教法果美善，则学堂可也，庠、序、校可也，国子监、翰林院、精舍、书院、黉舍无不可也；使教法不善，如昔之为八股、诗赋、楷书也，则尽移易为欧洲各大学之校舍师生，亦岂有当乎？无端改易扁额曰大学、中学、小学堂，以烦匠人，何许子之不惮烦？于宜改者而不酌改之，于不必改者而斤斤焉，何其愚妄耶！

恶士弗监布烈住二大学之著名

夫恶士弗、监布力住二大学之所以有名者，盖英国数百年来之名臣、名士皆尝学于其中，其历代诸王以及今王咽活亦此二学之学生而为博士者也。其于孔子之言大举自王子及公、卿、大夫、士之子与凡民之俊皆入学，在我为空文者，在彼乃为实事也。吾过英名相格兰斯顿之故学室，黝黑污败而租者加贵，人皆指而艳告焉。过□□□桥、□□道则曰："此昔诗人□□□□□学于此而行吟者也。"曾学于此校之学生□□□后有诗名者，存其诗稿、笔管、银时表曰："此某诗人之遗物。"以为馨慕。此其动人兴起之心固已浓挚矣。英之诸王，诸名相、名臣、名将、名儒、名士之像，皆悬于学壁。其英眉秀目与丰功硕德、高文典册、精制名作，皆日照耀触感于后士心目间，以咏以思，以群以兴，苟中人以上未有不感动起立，思齐前贤而留馨闻者也。此二学校之善以古人感动学者也，可谓"周王寿考，遐不作人"矣。凡欧洲各国之校，莫不遍悬其先辈之名贤，以兴起之。而各国之学皆稚，或国小而立新，故无有如英之二大学。而恶士弗尤古，聚强英全国数百年之人才皆从此出，几若我太学之进士题名碑也。故恶士弗之名最盛美，而入恶士弗之学生亦辄自命，而人亦加敬之也。此以声闻象法兴起，一也。

立法科密

其二，在立科之美密矣。科学之目已见于篇首。盖英国自倍根首创物质学派，欧人渐觅新地，得新知识于全球，而英人物质学尤盛。而恶士弗以神学、人道学之馀兼综诸学，切于时用而不遗物理。虽崇尚高远，不如美人之矜事工艺、农、商，然全欧大学无有、工、商科者。其意主于教育士大夫，正与中国同也。立科既密，知识既新，故稍好学者各因性之所近而为之，即可有成。此以分科美密易以成才，二也。

教习多且才

其三，在教习之多且才也。每科大教习数十人，小教习尚不止此数，已见篇首。欧土新学日多，人难兼业，故专门之学者不求仕宦，不入党派，终身以教授著书终老，精力以专而易得精博。故大学教习实选一国专门之名硕为之，非如吾国教者多以科第空名领位也。既聚名硕之群师，学者苟好学而欲有所请业传授，问难质疑，易得精当，不致摸行妄臆。故广聚硕师易以成才，三也。

博物院藏书楼开拓闻见

其四，在〔博〕物院藏书楼之拓闻见也。聚天下之古今书册、抄本、精本、古器、名物无数，以供学者之参考。耳濡目染，闻见自殊，如王、谢子弟之笔札，虽在妙年，如王缙、王洽，已是神品。学生随手取携，自然博异。此以收藏书器富博易以成才，四也。

其五，在学者友朋之观摩讲辨也。以英国四千万人之

学者友朋观摩讲辨

众，而选其英才六千人。于是又淘汰其五千馀，仅留好学之士数百人。则此数百人者皆颖特豪俊之夫也。聚数百人颖特豪俊之姿，又以名硕之师儒、博极之书器导引而发挥之，则此数百人者皆为上才。以此上才终日相处，观摩辨论，进益无方，故真好学之士入此学，必为魁奇之人，有名于世。此以数百豪英相摩易以成才，五也。

夫三四年之间，英国三岛之地有数百之名才，亦不少矣，分以任国事、著书论学已众名矣。此二学之所以成就人才而有大名于世宙者，此也。故此二学者并非有何善教良规也，善用其分，善用其聚而已。科欲其分，书器、师资欲其聚，而人才不可胜用也。

善用分与聚而才不可胜用

吾国一统不竞，物理新学、地球新识必不能自我发生，此无可致憾前人者也。惟汉人分经六艺，本为分科焉。唐宋人分九经，分三史、六朝史、《唐书》，分小学、算学、律学，亦有医学诸科，又有开元礼学及开宝礼学，此则与英之英国学科同矣。其九经同于哲学、神学科，三史同于英之古史学科，六朝史、《唐书》同于英之近世史科，诗赋、文词同于文科，律学同于法科，四译馆及诸僧学、印度文同于英之东洋学科。然则除物理学为我国难生外，凡英国大学诸科，我唐、宋时已无不相类而兼备矣。虽不如英学之精详，然亦可谓具体矣。

英国大学诸科我唐宋时已相类而兼备

自八股出后，诸科尽为空名，渐且全废，而功令抡八股文，乃禁诸生用后世书、后世事。于是明世以后，学者除三代之书不读；又屏弃诸子，以其乱道而不观；又独尊

八股既出分科全废

程、朱，则并汉、魏、六朝、唐诸儒之笺注不识。简陋既甚，古今不知，《南华》已为僻书，《汉书》乃为谁作。四书既为一统，《公》、《縠》、《仪礼》、《周礼》不以命题。读《礼》又复丧删其简，读《左传》又复篇选其文。五经既删，八股是事。于是举国学子沉埋陷溺于空疏谫陋之八股，真有不知汉祖、唐宗为何朝者；佛时是西土经文，贞观乃西京年号，传为笑谈，并非虐谑。考官如此，试士可知。又朝殿之试、翰林大考专重楷法，分行布白，终岁讲求。举子、词臣白首不掇，一日不作手，即荆棘，比之妃青俪白无用之诗赋，害尤甚焉。而又科举之级数太多，既有县府道院之童试十重，又有乡会朝殿之试四级。取额既已太窄，以万数千之试士仅取百数十人。阅卷人又无多，以一二人一二日或十馀廿日而阅万千之卷。故颠倒谬妄，虽高才硕学多终身不第，而黄口小儿粗通八股者已掇巍科而为典试。谬种流传，涓涓不绝。故举国学者见其如此取富贵耳，可不事学，故束书不观，甚者父师垂戒，以为读书于科举有碍。以是诸因合沓于今世，于是举国之人皆为盲瞽愚昧矣。盖自有中国以来未之有也。酷矣，伤哉，八股之祸！此鄙人所以恨极而首请于上力除之也。以是之故，故中国大馆学规与英之大学同而收效与英异也。所以异者，在不知善用其分，不知善全其聚也。以是得果之善恶相去甚远也。吾国于今八股已废，分科亦立矣。宿病已除，而补剂已服。然不知一切之因，徒震欧人之盛强，而欲一切舍已模之，则又大误也。

今为吾国之学，亟亟改良而订定焉。

天下之为方药者，皆为起病也，审病之所在而药乃可下。天下之为兵戎者，皆量其敌也，较敌之与我短长而后思有以胜之。学校者，国人之制造场也，强国之本根也。其始当审病而去之，其中当与敌校，其终当日致精而求美善。虽然病因虽知，而方亦未易制也，吾既遍游各国之大学，粗能知其短长而求其美善，返观吾国而病乃露见，而方亦略可定焉。

力除八股改良订定学科

其第一病，大学、中学、小学之以地限者，剧毒最甚，当立割也。大学、小学之名本于《礼经》。就《礼经》言之，大、小二字皆就学龄。故古者十五岁而入大学，八岁而入小学。则所谓小学者，今之蒙学也；所谓大学者，今之中学以上皆是也。小学教数与方名、书计、学乐、诵诗、舞勺，则数学、国文学、地理学、琴学、歌学、体操学也。大学教六艺，则分六科也。其所谓国学为大学，天子曰辟雍，诸侯曰頖雍。下有水，以桥圜之，此太学之制也。在明堂之东序，《大戴记》称“帝入东学，帝入西学，帝入南学，帝入北学”，则明堂之四门学也。

根治学校以地域为限之弊

古大学教六艺即分六科

夫黄帝、尧、舜时万国，汤三千国，周千八百国。诸侯国百数十里不等，各有一太学，是周时有千馀大学也。凡百数十里即有一所。故凡一国十五岁以上，凡王公卿士之子与凡民之俊秀皆在焉。但与王畿太学有圜桥、半圜桥之异制耳。惟其各封建国皆有大学，故人才众多，而国乃可立，观春秋诸小国卿大夫之才可推也。今丹墨、瑞士、

周时大学千馀所百数十里一所

比利时、挪威、匈牙利之小，乃至德之联邦各小国数十里者皆有大学，正与吾周时封建大学同也。故考之古制，中国有千数百大学，无天下一大学之义。大学但取十五岁以上之俊秀，自乡之八岁小学普通毕业而升入者，正与今各国六七岁入小学，六年或八年卒业入中学，十四岁入中学，六年或四年卒业入大学同。皆以年龄之学级为升学大小之序，因人生自然之理为之，而非以国郡县学位贡士分之也，可谓至明矣。

日本大学、小学之名，取之吾经义，而古者学制尚疏，有大、小而无中。日本译欧美学校之名词，而译为大、中、小三名，以六七岁所入者为小学，以十四岁所入之普通学为中学，以冠岁所入之合众学为大学。镕铸吾古义而定其名实，至精当矣。吾粤之俗，有大馆、中馆、小馆之名词。小馆者蒙馆也，教数岁初学之童蒙，教诵经、识字、作对，渐学诗文。至十五岁以上诵经毕，能作全篇诗文，初应试入中馆。至冠岁前后，诗文精工入大馆，以竞妙美、争元魁。自举贡、生员、童生之秀健者，皆在而合校焉。虽所教者不如人，而名义、学级乃与欧美之实校、日本之译名暗合无少异，则以公理之自然故也。

日本大学小学之名取之吾国经义

故欧美乡市之大及于千人者，无不有揩士孤。揩者译言高也，士孤译言学也，盖言高学也。日本译为中学，而每县必设一焉，已不如欧美之多矣。然高学对小学而言，与古者大学对小学而言正同矣。古者百数十里封建必有一，与日本每县必有一、欧美市镇必有一又正同矣。至于

古者百数十里一校

欧美之大学多出民建，多在乡曲，亦多有在僻远者。美国大学二十三，而华盛顿无一焉。而僻在西北部之小市西林抓、李抓罅乃反有之，其校长尝请吾演说于是焉。即英之恶士弗、监布力住亦在伦敦数百里外，未有汽车以前亦二三日乃达，亦非在京者。此尤欧洲大学之创始者矣。

大学以科学程度而设

故大学者以其学程度言之，非以地限之。凡仪器稍备，能兼诸学，而各习专门能出学位在中学以上，可名大学。即谓为程度甚高，无不兼该，亦未见得。吾于美之西林抓李抓罅及乌柯连三大学见之矣。在日本人仅二大学，尚斤斤必谓为高等学者，而美国已号为大学矣。此美之所能育才也。今吾国之省府县界全地古今所无也，其于治体级数太多已无理矣，既不之改，而尚施入学制中以自抑之。

省必有大学

吾所谓省者，人民数千万，皆有英、法、德、奥、日之资格而过于丹、比小国数倍者也，乃限于国土太大，既非京都不得为一大学焉。若夫县学，古封建国所谓国学也，今之丹墨及德诸联邦之大学也，吾粤所谓大馆者也。其人皆读经书，通文章，年已及壮或曾为诸生，而乃以周时及日本童蒙之学名之。欧美人译之，日本人读之，不几谓吾一县之大，人民之多，无一中学而皆为童蒙乎？无论诸生之学格、人格为外人所轻，即以名义亦与古人及欧、美、日相背。背则不经不文，轻则失人失学，何自薄其人士若是乎？进而一府如吾广州者，人民几二千万，盖兼欧洲比、荷、丹、瑞四国之人民也。昔年考试士人四五万，

府必有高等学

不可谓不多矣。今乃设为中学，限以百数人，入学者多举贡、生员以上或有名之士，今乃等于十四五岁童子，何其轻乎？夫各国万人之乡市，犹有中学数区而学生或千数人焉。今乃以兼四国之人民而得中学一区、人士百数，乃至无一高等专门学，不几重为欧、美、日人所笑乎？欧美人皆能自张其国体，使人畏之。吾国乃自弊其国体，使人轻之，其愚何可及也。若一省之名高等学而不得立一大学，而此学又仅得百数人士，亦令欧美人大轻笑者也。

此等名词，考之古经则不合，采之日本又违反，施之实事又自轻，徒自压抑其士民而国体大以受辱，则何为矣？故美之为制，大概发舒其民，故民气上扬；吾国之制，大抵压抑其民，积习既深，乃于无关切之学名而亦以限制等级行之。故大、中、小之名则是，大、中、小之实则非。行此至愚，重为天下笑。此名不改，无以劝学。且今官定各教科书所编小学、中学各书，皆缘日本体制，以课初学之童蒙，抑以教府县学之诸生乎？此不待言也。既不待言，而府、县学名中、小，教科书亦名中、小学，而用乃相悖，同出管学，何其违反乎？此又不待诘问者也。故新定高等、中、小之名词，尚不如旧名府、县学之妥适也。故不去省、府、县高等、中学、小学之名，不能为兴学之基也。

去省府县高等学中学小学之名

高等、中、小学之名既除，然则学以何名乎？以何位置诸学乎？应之曰：立国各有体，不必纯法外人也。欧洲各国贱农、工、商，不列于大学，而美列于大学焉，日本从之。欧土各国中、小学非贫子校无事金木之工者，而美列为中、小学要科，然则何从焉？欧美大学尤尊神科，而日本除之。盖立国不同，则立法亦不同也。我国最重士，千年以来卿相士夫皆从科第出身，入内阁且限于翰林焉。而吾戊戌游日本，日本之大学数十年博士百数，未尝有一人为大臣者。美之从前总统未尝有一自博士来。盖美重富力而不重士，日本重政客而不重学者故也。即以英论，其重入大学冠于各国矣，然硕学之斯宾塞、名臣之张伯伦皆未入大学。若夫伦敦中自大学领啤噫、呹噫者，卖字、佣书、教学、管库、供书札奔走；而美则尤贱，带路、斩柴、侍酒、供食、为佣仆，无所不至，吾尝雇用之矣。夫以各国立学、分科、颁位、取用之绝不同如此而各强盛，则吾中国之为中国自有法度，无可师人矣。今之言学事者，其不知所从有二：一惊慕乎欧美之强，而欲一一模范之，故内轻己国之士，而欲驱其师欧、美、日本也，而又不知所从；一蒙蔽乎夙昔选举合一之俗，而郑重科第即当授以官也。此二者不除，宜其无以定制也。

我国最重士

立学中国自有法度无可师人

夫欧美之学校、选举至判然不相关者也，日本亦然。即三代论秀之与授官亦自异辙也。此意不明，多相牵掣，宜其为学位、等级以限制之也。故立学制者，只为学校计，但计科第之荣名，应知与授官绝不相及而后可也。

欧美日之学校与选举不相关

一欧美惟博士以充大教习，颇有可重。其馀啤噫、呹噫盖不甚荣。盖冠岁之后三四年毕一业，问十通五者殆必得第焉，一年之后又必进为呹噫矣。美尤贱之。西方可以一二年而得啤噫，又可以金购，如吾监生焉。夫稍有金钱能入学数年者，无人非啤噫、吠噫也。在国家但得人通此学，何吝此空名焉？故欧美人之所谓秀才、举人，其与我国之秀才数千人考试而得三数十人、举人则万人考试而得百数十人者，难易若天渊矣。吾国有博学硕儒终身场屋不得登科第者，彼无有也。我于人才务为抑限以就官额，彼于人才务为宽舒，以求通解而已。夫欲宏奖育也，抑限之与宽舒至相反矣。

人才宜宏奖育不可抑限

今吾国立国之要需，只在物质之工艺而已，其馀政治、法律、外交皆可以翻书而得，则吾能文好学之宿士习之至易，然则所以为省、郡、县学之定名、定制在此矣。

立国之要需只在物质工艺

窃夫今中国新书未大出，欲学各国新科学不能不假途于异国之文，则凡今人士盖几无不在中学普通学之列。虽然日本大学诸科书皆华文也，其有日文者十之二耳，吾人所易通也，吾国诸生学此至易。然则除物质工艺学别列在专门学外，则吾举国学生皆在各国大学生、高等学生之列者也，何事自卑抑之乎？

今请正其名。凡各乡十数岁童蒙读小学教科书者，谓之小学。其年长未读小学者，谓之补习小学。其小学数年毕业、年十四五以上者，谓之中学，教各普通学。凡三千人以上之乡市能设一中学者，即以名焉。其年长而未习中学者，但谓之补习通学，则一县必设一所。吾国士人今日所最要者，概不出此补习学矣。欧美人又多自延师而速成，即入大学者，但问学之资格，不问所来。吾闻欧人之

人才之所用莫如中学之普通学

至论，也谓人才之所用最要莫如中学之普通学，通此则一生足以为用矣，通此则百业足以上学矣。若夫专门以致精为用者也，大学以致博得名者也，非人人之切用也。

科举既废当设法网罗安置人才

吾国尚士，废科举以来，孝秀傍徨，士之壮年者亦傍徨，不知所从，不知所用，尤当以极广大之法度安（重）〔置〕之，网罗之。故日本之县设中学也，吾则县设补习通学最宜也，以其学生皆大学之资也，故以补习名之。若通用大书乎，则照旧名曰某县学，不独不加中、小字，即他字亦不必加之，如恶士弗校之但名某地加列住也，而后即合为大学最便也。

国家应奖导办学不必以资格限定

盖各县土地之大小、肥瘠与人民之多寡不同，其在吾粤之南海、番禺、顺德、香山、东莞、新会、新宁之民多且富也，必能集资而成大学之资格。其一县中之大，乡人数十万，如顺德、龙山之类，亦可立一高等学焉，或更可成一大学焉。其中县亦必可成一高等专门学，国家但就其资力之所至，而听其为大学、高等学之资格，而不必额定焉，府亦如是，省亦如是。大率论之，府必有高等专门学，每省必有大学。然皆听人民及长官之自为计，听其水流沙转，而国家但为奖导，顺而受之。如其有力，则一县成十大学尤可喜也。育才尤多，国家何靳焉？假令吾国有百千大学，岂不尤文明之至而为国光耶？何苦自斫而少之，而令美国人自炫其大学校之多乎？日本之但有两京学，盖其国小人贫，财力不逮使然，非理之至也。或谓医学不备不足为大学，亦非也。美之西林抓、李抓罅无医学矣，欧人大学无农、工、商、矿，岂可谓之不得为大学乎？

今请粗定大学、高等专门学之格，而各省、府、县之人士集资合力能应此格者，学政察视合格，即奏明以大学、高等学之名与之。高等学若粤之学海堂、菊坡精舍，浙江之诂经精舍，四川之尊经书院，皆有分业，并多教习，可以名之矣。列之于高等学之亦不必改其本来精舍、书院之名，以存旧典。

大学之资格如左：

一、学生皆经补习普通学而来，否则家自延师以能通普通学为合格，即以普通学诸科题试之，能应问准其入学，不拘是何资格。 大学资格

一、分科各听办学人所定，然以能备六科学、两国语者为合格。

一、每科必分门目，多少听办学人自定，然每门目必有一分教习，每科必有一著名之大教习，诸科合并必有一尤著名之总教习。

一、必有一博物院，合中外古今物须在万种以上。必有一藏书楼，合中外图书必有十万卷以上。

一、学费有百万之额，以购办仪器、图书、房舍，馀留养学。

学政验视合格，可为奏请存案。

既许名为大学，即许自考科第。三年毕业而考试时，由校长、总教习请学政亲临会同面考，合计其平日积分。

大学允许自考科第

问十得五合格者取之，用古今雅名曰某学秀才，或用《王制》名曰秀士亦可。其再学他业，或入他著名之大学，或入京师大学，一年再试或三年再试，学政会临如前取合格者，名曰茂才。除京师外，其何处大学可有茂才名号，酌定。其有考拔出外国游学或有他用，名曰选士，选士与茂才同等。其自本学出领有秀才、茂才、选士衔专门名家，博学著书名业大著者，校长呈明学政，上之学部，由大臣会同京师大学试之合格，引见授位日某学博士，比今进士焉。

高等专门学之资格如下：

高等专门学资格

一、一切与大学同，但分科目、集资财、延教习、购图书仪器，不能足大学之额者即属此学。

一、此学三年毕业，亦由校长、总教习请学政会同考试、计积分，取录合格者作为某学毕业生，或曰优生，发以文凭，可任此学艺一切之职业及教习。其入他大学可不拘年限，应试合格可取录秀才。

自专门学以上皆有用之才

若有数高等专门学合之能如大学分科、集资、延师及图书、仪器之额者，即作为大学。盖自专门学以上，皆有用之才，故给予学位，如此宽为招待，广为激劝。吾国从古贵士，人民又多，向往科第之心最盛。昔者士人乡会试不止十次，请枪替者甘费万金。而各省军需之捐多增以学额、举额。今科举既废，犹是人也，好慕之心更盛。绅士向来有权望于其乡人人能自开大学、高等学，以自得科第，以为子弟得科第，则其鼓舞大学、专门学者必力。

夫以恶士弗之成人才，不过善聚教习、图书、仪器，因以聚人才。若是，则吾国之恶士弗必无数，而人才不可胜数也。假使省、府、县各集其百万之资，以备无限之图书、仪器，则人才愈出而愈盛，岂非良法美意哉？此法于各国无大效，而于吾国最盛而最见效者也。此例若行之三年，吾国必有数十大学出焉；行之十年，则大学必过数百焉。此惟数千年崇儒重士贵科举之中国所有哉。

恶士弗之成才有方

夫以一大学而学生数千人，多者万人，既有科第，可厚收其脩金，以增图书、仪器，而学且日盛也。十年后有数百大学，而大学生有数百万，中国新书、新器必日盛。中国故文学第一国也，必复其始，不及十年，其必以文学冠万国，于以前无古者后无来兹乎。

大学日盛中国必以文学冠万国

监布烈住廿三校，而其大而古旧有名者十馀校。若王校、偕士校、噫马袅噫路校、伽亚校、色嶟校、屯地校、耶稣校、女后校、割顿校、嫩嫌校、而边布碌校、彼得广校，尤黝黑而旧矣。

监布烈住诸校

校有英王行宫。盖英王昔学于是，后临学必谒其师，故立行宫焉。尖塔耸峭，作三面轩悬形，前覆垂藤，华严幽胜。王校高塔圆穹，祈殿道场极峻伟，皆备极庄严。

色嶟校、女后校之伽叻桥，临桥花木浓郁，风景至佳。而屯地校园，桥幽艳，垂树毵毵。色嶟园，草树来水，尤幽胜。屯地校门，刻镂极精，盖甚古者。

阿顿卜碌医校，其医学尤有名，吾国闽人在南洋者多学于此，吾皆游焉。

欧美学校图记 英恶士弗大学校图记

此篇作于1904年，据《康有为牛津剑桥大学游记手稿》，北京图书馆出版社2004年版。

欧洲学校以英恶士弗为最先大学之名第一

欲考欧美之学校，必得其最大、最先之规模，而一切后来之条理乃可求也。美国学悉出于英。欧洲学校以英之恶士弗为最先而大学之名第一者也，为英国至古至大之学，英人自夸为地球第一焉。盖一以其最古，二以其校最多，三以其出人才最众也。最古者，此学有啤料校，始于西一千二百六十三年，已当我宋元世。而在彼十四纪时有五校，英王咽活第二创开阿料校，咽活第三后创开女后校，而大学校玛利亚校、新校同时创于此地。在彼十五纪时又增三校，英王威廉创开玛地吝校、苏校、吊湾地校。继之在彼十六纪时增六校，以列沙白女王创开耶稣校，而色嚩校、推拿地校、卑理顺那校、试烟问诃校、可罢士伽士地校继之。英王占士第一又创边布碌校。至近数百年益加增，乃为廿一校合而为一大学，故诚各国所无而最大且古者也。

楼阁峥嵘，石筑完固，相峙于恶士弗一市中。塔宇相望，形制各异，极目数里皆是校舍，诚清异之地也。监布力住在后，亦同此式。吾后游美国波士顿之哈弗、臬嬉份之耶路及美中各大学，皆仿此制，则恶士弗诚为祖师哉。开创先在五百年前，英前后诸王既创垂而奖导之，日有增加。自以利沙白后益奖文学，楂理士第一、占士第一皆迭临学。王子皆齿胄入学，后为帝王列像于壁。而英数百年来强盛时之名将相、硕学、名士皆出于是，是以名最盛也。

硕学名士百出享有盛名

此学最旧，始由神学进为人道学，复古文学而增添入新世哲理学，旁及医、律，而于物质应用者盖稍稀。其学生皆讲希腊、拉丁文学，翩翩风流自贵异，不与凡俗伍，有中国人士之风。美人专以应用为主，以农、工、商列于大学，而不重希腊、拉丁，将议废之，颇有议恶士弗之守旧者，而英则绝不少改。即欧洲大陆各大学亦皆以各工艺、农、商置于专门而不以列大学，亦恶士弗之风化也。其义盖以大学者专养成士大夫，而以专门学为应用焉。

大学专养成士大夫以专门学为应用

吾于欧美各国变法，最爱英人。各国中若法之疾驰躐等，扫除一切，固不见功而祸患殷矣。即美之专务实利，则亦有质胜之患。惟英之进化，双轮并驰，大地开新，一切皆自英始。而抒怀旧之念，发思古之情，令人俯仰徘徊，雅韵深情，悠然自远，所以养人士之高怀雅性，悱恻缠绵，故能坚操逸旨，寄托遥深，虽慓悍不如法美，而深稳不败。故英之所获最多，鲜有失绩，其风俗有以致之也。盖人之为道，知新与温故皆不可缺，进取与保守皆不可无，稍有所偏皆足致病。相其时宜，步骤驰驱，天马鸣銮，温然中节。孔子言道最贵“中和”。英之为化虽不能至是，然合各国而较之，其亦稍近于中道者耶。诗曰：不刚不柔，敷政优优，百禄是遒。英得刚柔之宜，协新旧之变，从容以赴，不疾不徐，真所谓“敷政优优”，宜其“百禄是遒”哉。

孔子言道最贵中和

吾国向来保守，当万国交通竞争之世，而以数千年朽弊之旧法必不能立于新世之中，则不可不大变。故戊戌时，吾冒犯一国之怒而变之。然今既人人知变，则自有轨道可寻，亦自有宜温故存旧者。苟不问可否，一概扫除，见西法辄师之，见我法即弃之，既不保存国粹，则无深情雅性逸旨高怀，而人格将下。且立国自有精神，不在形式。若事事从人，以顺为正，是为奴婢也。此野蛮之国则可，岂有数千年文明之中国而为婢仆之行哉！

波士顿一瞽者语我曰：“各国立国之道，皆以有自立之精神为主。闻贵国有志之士急于变法，今一切舍己从人，考之各国自立之道皆不然，敢问君宗旨如何?”吾甚惊愧其言，乃指吾服示其相者曰：“诚然。吾乃首变法者，而吾不变服，盖以吾国自有自立之道也。”今之人士能变法者，言衣服则欧装之迟难不便，言饮食则欧餐之干淡不调，免冠之易为风吹，握手之病易传染，此皆欧人与我自言不美者。乃虽其至恶者亦复从之，至言年代则动引

立国之道以自立之精神为主

十几世纪。夫华土数千年文明，我固自立，与西历何与而先自降耶？世乃三十年之义，何其不词？在日人之岛国旧无文明则可，在我从之何为？他若祭祀必以去烛为言，甚且行礼亦以立揖为敬。几若稍存国俗即为野蛮，少用西风即为文明者。无耻至此，大扇奴风，传此种根，他日何以自立？试问立国盛强之道，果在服食行礼否？如必在此，变之宜速，否则徒令欧美人笑吾沐猴而冠、生心害种耳。以吾国之广上众民，苟能自立，何不使人转而从我乎？善哉英制之意！而恶士弗之能存古也，宜其人才之众哉。

立国强盛之道不在服食行礼

恶士弗廿一校，每校各有施者，各有学费，各有校长，各治其事，各有校舍，各有公食堂、藏书楼、祈祷讲道场，各延教习。各校学生多者数百人，少者数十人。如美国联邦之自立也。而国立一校长、总教习总持之，有合廿一校之公共藏书楼、祈祷道场、试院、公议堂以统之，如华盛顿、普鲁士之政府焉。此所以为大也。监布烈住大学、伦敦大学同制，不复详。

恶士弗学校之规模

吾尝观学生之竞渡矣。帐桐河干，画舫接比，红女联袂，袨服缛川。其胜归者，所欢或所识之女，举帕招邀，掷果欢笑，其义主导乐以畅魂灵、壮体魄，未可徒以佻邪议之也。吾国重礼，斯须不庄不敬则以为轻佻，故坐如尸，立如斋，口容止而不妄语，足容重而不妄行。于德行吾为高，于和乐彼为畅。然人之所以为道，皆以为群也。不损于其群者，无可议焉。行己之斋庄，一己之私德也，非有益于人群也。与众乐乐，则能欢洽大群。夫以己与群

观学生竞渡

较，则群大而已小，当舍小己而从大群。然则尚乐者，尚较有得也。

游藏书楼及博物院

藏书楼数所，博物院甚大，吾皆游观焉。书楼有书卅馀万册，博物院有物数万种，以备学者之考察，亦足征矣。各国大学皆同。其阅书有立铜表，二尺许，上置木板，可圆转，可欹斜，置书于上以便阅者。边有钉以护书焉。吾登书楼顶以望恶士弗全市，但见校舍相触接，塔棱耸矗于烟云间，花木溪河周遭掩映。盖精舍书斋必择清胜之地以谢尘嚣，乃足以养学者之神魂欤。遥望大钟楼，夕时听百八之钟声，足助清听也。英人谓依昔学生数，然百八钟声，中国寺皆然，乃佛法印度俗也。英人不知之而妄附会，或不肯认印度俗耳。

恶士弗环溪河，树木蓊匝，飞桥交通，树径花溪，行吟清胜。有某诗人行处，今以名其路焉。公囿甚佳，畜鹿百数。吾居恶士弗凡四日，每晡游焉，为光绪卅年六月九日至十二日也。

行歌于衢者

学生多寓校外，室颇清整，近公囿处有佳者。有行歌于衢者，衣服整洁如常人，乃乞丐也。给之以钱，彼亦不能乞人，但能以歌悦人耳，以博人欢，则给以钱，亦近食功而非食志者。衣服整齐，则能不辱国体，美矣。

泰西争教之惨酷

市中有旧时焚新教人处，泰西争教之力惨酷至此。致以益人者也，若此是反以为毒矣。新旧教之争死者，百万乃得行之，其与我国汉宋、朱王之相攻仅以笔舌相去何远哉！

有东方茶馆，遍挂东亚器物出售，所食有一茶一饼或酪，价三佩尼。

戏院广大庄严，仿罗马斗兽场式，亦为演说处，皆许外宾男女入座观听。有竞走场，有竞渡处。欧人之立教与我最异者，莫若此矣。然孔子之六艺以礼、乐并重。我国旧所偏重者礼也，欧人甚称之。欧人所重者乐也。礼主庄敬，乐主和乐，盖皆圣人之道，而人道所不能无焉。其学生皆登台扮演，骤观似甚游戏。然《武》之为乐，天子亲舞，冕而总干，一成而北出，再成而灭商，三成而南，四成而南国是疆，五成而周公左、召公右，六成复缀，以崇天子。六成之中，歌《酌》、《桓》、《赉》、《般》，岂非今之戏剧乎？然则何怪焉？所异者于学校中诸生扮为男女之戏，未免太媟而不庄。然欧人以寻乐为主，父母子女亦复戏扮男女，以招客娱宾，不以为怪。

游戏院

盖欧人之视男女游戏不以为媟也，其礼俗然也，此事得失难言之。以其波澜远大，关涉极重，故欧人不贱优。昔士卑亚之词，如吾国屈原、太白，不止汤若士矣，士人莫有不讽诵者，而昔士卑亚乃一优人也。顷英国一名优□□□□死，英王唁之，英相自巴科以下诸大臣皆往吊，倾动全国。其人有文学，能创新戏本，吾尝观之，旌旗变色，无所不备，盖兼诸天星界之人物，礼乐而一新之，故自不凡。然在吾国终不能行此。夫戏者乐也，乐以化民成俗者也。所关至大，乌得不重视之。既重视之，乌得不以学生学之。吾国以虑其媟也而轻鄙之，士人不屑为，且优

欧人不贱俳优

莎士比亚之词国人莫不讽诵

孔子曰道不远人

因事设教近于人用

者不齿人数焉。故乐益坏，而戏剧无人主持，乃益淫哇而无益于风化焉。夫凡物为人情所同好而不能免者，则为治教者必当有以维持之，不能以轻鄙绝之也。学者愈轻鄙之而又不能绝之，则愈败坏矣。夫道者，非从天降地出者也，因人之身体性情而率而行之之谓道也。故孔子曰“道不远人”。戏剧者，人身体性情之所乐好，所谓道也。既有此道，绝之而不裁成善美之，则俗化衰矣。故学生之为戏剧，岂非所谓“道不远人”者耶？若其竞走、竞渡，所以习水陆之行而强肌肤之节，寓之游戏之中以为有用之地，欧人救火、泅水之戏亦类此哉。因事设教，近于人用者也。

啤料校开创至古

啤料校开创至古而学人至多，今犹然。今学生百馀人，脩金每季四磅，房租、食用中等者月十二磅，奢者不止此，俭者可稍消，但不能应酬交接矣。每岁学期二十来复，约须百五十磅。

新生不论学位国籍

凡学生新入学者，不论学位，万国皆可，但投愿学书则试之。必兼三国文乃可入学，欧土一切以英、德、法三国文为通行。古文则希腊、拉丁也。拉丁在中学时已习之，故必考拉丁文，通乃许入学。其馀阿喇伯、印度文、西班牙文，皆得备一国文。今年新增中国文，通之者准作为备一国文矣。美国有数大学亦同此例。盖交通渐繁，而欧美人之渐留意中国也。

同学礼仪甚似吾国翰林衙门

新学生入学时，礼不能自往旧学生，旧学生先来则可，惟至第二学期则可任意。同校生新来此，旧生必先请酒，而后新生乃敢请之。若请茶，则新旧皆可先后。同校者月必请茶。其礼仪繁复迂拘，甚似吾国翰林衙门焉。

学生会有公所，其公所分藏书室、阅报室、辨论室、发信室、写字室、食堂、烟室、茶室、打波房、花园，莫不成备。公举人任其事，以便学生之息游、观摩、讲辨、办事焉。入会者人一磅，另每学期纳二十五诗令。经纳九学期后无庸纳金。好写书札者纳三诗令。若立交十磅者后无庸交。规条详明，堂室整洁，园林幽楚，甚可游息也。其藏报无不备，当日俄之战日日皆有电报告大众焉。学生之信电来者，皆于公所发收。其辨室每来复四日八时至十一时开辨，公举一人主持焉。

学生会及公会

凡游校须三诗令，有学生导游者免。学生之领人游校者许带九人，多一人纳三诗令。若学生不衣礼服，以常人论，即学生亦收诗令。

校中有戏院，有印字馆，有自行车室。

七月二日监布烈住大学华文总教习斋路士先自瑞士令其子来见，赠我以像。既归，约往游。斋君昔为汉口领事，居中国二十年，能操京语甚熟，盖欧人之精熟华学第一人也。著书甚多，为欧土华文导师，吾闻欧人凡读华文者必由斋君之书入焉。斋君之室陈设书画、什器，皆华器也，其笃嗜专好如此，宜其致精矣。性貌醰粹温温，盖学人也。与吾谈学，盛称中国之文明及诗文之美，盖方译《文选》之诗也。《楚辞》斋君译讫。其寄我札引宋玉词曰："愿皇天之嘉惠兮，及生还而无恙。"吐属渊雅，可

"七月二日"至文末"于意云何"与前文《英国监布烈住大学华文总教习斋路士会见记》基本重复，文字大同小异，因底本互异，故两存之，以便参照。

监布烈住大学华文总教习斋路士约往游

谓情深而文明矣。因论及中国之教，斋君曰：“五经与四书皆为理雅格译坏，彼私其教，译不得公。我欧人不知，误信之而看轻中国之教。吾欲为之，而苦恨力不逮。”吾乃谓：“君若能再译，吾当竭力相助。”斋君欣然。呜呼甚矣！斋君之公也。然非斋君之明通，安能知此乎？

大道之光不为一时一人

凡此显晦有时，大道之光不为一时一人。理患不至，道患不宜。一时之盛不足喜，一时之衰不足忧。好尚必有变迁，得失必有循环。吾夙昔未出游，因欧美百年来之表面观之，惊惧颇至，以为其教俗之极盛美。今久游其国，乃觉彼俗化，尚远不若我东汉、宋、明之世，不过道路、宫室、器用、兵械之美，因新学之汽电发明而过我，与教化全不相关也。吾国稍能致力物质，自强之后，通译诸经之精义微言，乃最切于人道，而为彼土化所未至者。苟未至大同之世，则诸经之教旨略可久远普教育于欧美间。盖孔子以人为道，不远于人，故切于人用。今欧美之新义，不过“利用安身以崇德”七字。诸经多据乱世之文，而今欧美犹在据乱之时期，美欲升平而未之至也。受病既同，故药方亦同。故所开药方虽古，尚甚合于今病，则此补养之药方尚当大行，而中国之大医王尚当尊奉也。然后有志士欲译经学，或兼典学之职者，其谨之，所关在吾数千年一国之文野，令人之轻重敬慢有在焉。若不通孔子三统、三世之义者，慎勿着笔也。盖不通三统、三世之义而论经，则开口即错，其极亦为刘歆、朱子之学而已，非偏谬则狭隘，不能包容宇宙，通变宜民，非止阻塞进化，晦

欧美教化远不若我汉及宋明之世

孔子以人为道切于人用

盲大道，则为人所轻亦宜。

与斋君论欧人为华学专门者，甚恨经游多未识之。

与斋君论欧人为华学专门者

法人撒繁（Professor E. Chavannes），译《史记》未毕。所译《史记》数卷，吾在南洋久见之。撒繁在巴黎为大学华文总教习。

法人古弄（Mauvice Courant），译《书目提要》。在里昂为大学华文总教习。

法人阁借（Cororer），译《中国书目》。

德人嘻打（Professor Hirth），撰《中国罗马交通记》。今作纽约哥林布大学华文总教习。吾在芝加高游大学时，嘻君已寄声约见，及吾到纽约访之，嘻君已避暑出矣。

德人佛兰格（A. Franke），在柏林为大学华文总教习。

意人褒噫腻（C. Puini），在意大利之佛罗炼士为大学华文总教习。

英人噫诗觐（L. C. Hopkins），撰《中国字说》。今为天津总领事者。

英人巴遽（E. H. Pavker），撰《匈奴史》。

英人梯罅（C. H. B. Taylor），今在北京。

荷人的阁落（Degroof）。

美人傅兰雅（Flyer），久在中国制造（于）〔局〕译书，今为卜忌利大学教习。

虽有习华文者，然甚浅云。吾所游各国大学咨问学华文者，闻德有百馀生，尚未知确否。馀国皆落落可数，不过数人，或十数人。以地不关世界之冲，又无日新之学足供人用，苟非游华，不周于用，故欧美人寡有学之。昔在汉唐，各国遣子就学于吾者甚多，服吾缝掖，读我诗书。今则吾反遣学于人，俯首易服，不进化则退化，亦可感喟已。若二三十年后，吾国学子既众，且能自创新学、新器以行于世，而兵力霸图，汽船又能遍及于大地，是时吾国文必大行于世界。有一法人语我曰："异日世界有三种文字盛行，英文、德文与华文也。班文次之，我法文昔为欧霸，后其殆乎。"此甚知言哉！至是时，各国之入我学者当甚众，此则惟吾国人能发愤，能保全，能自立，能自强，而后有此声灵乎。然挟吾广土众民及尊士好学之风，致此至不难也，未知老夫得见此否耳。思之感仰，今故为之累欷。

汉唐各国遣子就学中国者甚多

欧美华人之在学者每试必褎然居首

吾遍游欧美大、中、小诸校凡百数，而华人之在学者每试无不褎然居首，否亦必在前列，虽中才亦然，吾甚怪之。吾游历有一大事。今与欧美人之比校，不在乎今日国形之强弱，而在乎将来人种之盛衰。如使吾种而果愚弱，则吾国即能如匈奴曷拉末之破西罗马，如突厥索立曼之灭东罗马，亦如拓跋、契丹、女真、蒙古之强盛，终必合于中国，徒为中国拓大而已，一时之盛，亦何足恃？故吾种果愚弱，终必与黑、棕之种同归于尽。使吾种而果强且慧也，则如罗马人为峨特、匈牙利所蹂躏，今何尝不为地球之霸乎？故吾日游于欧美人间所深观密察者，惟在此事。

吾察欧人之秀白颀伟，种诚绝美，而不解入学之必败绩于我也。吾始疑吾国人来游学者，多为聪敏之士，此同行军之选锋，以我选锋当彼常卒，故胜不足异，而败亦不为奇也。又疑欧美学子在其家国，多好佚游嬉戏，不勤于学，而我游学之士苟非官选良才，即为发愤自费者，远游异国，谈何容易，故少游嬉。以我精勤胜彼游惰，非果我种之能胜人也。然吾观美国中诸市邑，吾华人十万，所在儿童甚多，吾尝调查之。即以砵仑而言，吾国小儿入学者四十馀人。自十岁以上者，学课至下无出九分者；十岁以下学课之至劣无出八分者。若美之小儿至高不过八分，其劣有至二三分者，其平常皆六七分为多。美国小学必有纸、木、金之工。美小儿学工，动问十馀次乃解，记性奇劣，作工亦复粗劣。吾华小儿则听受立解，即问亦无有至二次者，作工又复滑美。作画尤佳，故砵仑小学校室之画皆用华人所画，无一用美国人者。砵仑学生罗长根言之甚详，且述美女师之言曰："华童驯良，灵敏易教，美童顽钝，有累教数十次不识一字者。吾愿教华童七十人，不愿教美童十五人。"罗长根又言："吾不敢与吾国人竞学，若美国儿童，任听人人吾皆敢与之竞高下。"吾在砵仑观赛会，所陈小学校中华童之作金、木工及画，诚精美过于美童。吾又考黑童如何，则诚远出白童之下，钝愚万分。又遍考多埠学课，吾华童学课分数无不高于美童者。凡此生长儿童，此非选锋，亦非有所知而发愤，然则吾华种之胜于欧种确确矣。

华童驯良灵敏易教

吾华种胜于欧种

英之学士与吾言曰："中国人长于强记，欧人长于毅思。”盖中国人诵读多自暗记背诵，故积成一质传种子孙故也。由此推之，中国之读书贵学已数千年，其积成精细明敏之种以受学亦固其所。欧土自开辟来，仅罗马三十里城中有学者耳，及千年黑暗之世惟事战争，自僧众外无学校无读书，殆少识字之人。此二三百年乃始兴学，以此之故，传种受学不如我之滑熟亦宜。要而论之，吾种种考察华人入学无不胜欧美人者。在美东诸大学，日本学生甚多，我华人学生又无不居日人之上者。然则吾之种人无论为天禀，无论为传种，要皆为世界第一慧敏之种，无与我敌矣。夫慧敏则强，钝下则弱，此天理也。

吾种为世界第一慧敏之种

夫慧敏与钝下不关于躯干之修伟也。相彼犀、象岂不尤大，其如钝何？相彼印度之宾杂人，今当香港巡警者人所共见也，其修伟过于欧人远甚，其如钝何？吾闻欧美人之言曰：“黄人思不能毅，欧美人能毅思，以黄人脑度不及欧美人故也。”夫脑度之大小人人各异，我见欧美人之愚钝者多矣。今以其制器一日之长而诩及全种，则我自周时之输攻墨守，木鸢飞战，宋偃师之木人演剧，张衡地动之仪，孔明木牛流马之用，南齐祖暅之之轮船，宇文恺之行城及图书馆，金人之开阖门帐，岂亦脑度不足耶？然则我数千年制作文学之盛，欧人千年黑暗几不识字，又可谓欧人脑度不足耶？

慧敏与钝下不关躯干修伟

欧美人又谓中国人目不能圆视周正，足弯不能直，欧人目深则视周远，鼻高则脑强力。吾固最爱欧美人相好之端美者，吾昔有诗所谓“地中有海生人白，二者天骄我不如”。吾每见欧美胜物，常诵此二语而愧之，吾种人相好诚愧之矣。然谓足不能直，则巫来由足直不弯矣。印度人目深而鼻高矣，其强智又若何？且吾国燕人之鼻多高直过于粤人，而智敏不如粤人，则或不在此耶！

形像与智敏无关

欧美人之议论多从实验，此固倍根最得意之学派也。往者欧美人论养生，多谓食麦者强而智，食稻人弱而愚。今因日本人胜俄，于是美中实验学者又谓食稻更强，纷纷倡食稻之说，近且议令兵士皆增食米，其可笑若此，美人之即实事穷理，舍己从人，变化极速，固自可喜。然而中国之万万事物，彼人多未实验也，则欧美人之所谓实验精确者，安知其不又为日本之米也？夫吾国近者凡百败坏，远逊欧美，吾岂敢自谓吾种人之必过欧美也？然学生入学之实验高下优劣若此，则吾正以倍根之法行之也，吾亦无以自解也。然而吾国数千年之文明冠于大地，盖有由也。藉使吾种为黑人，其必不能致此文明矣。

今兹败绩由一统之故

然则今兹之败绩者，盖由一统之故。以一统之故，人心不竞争，君力太压制，遂至不能发扬其聪明。但以为守旧泥古亦非然也。彼欧人者，其千馀年之泥古何尝不深乎？徒以诸国角立之故乃觅新地，既得新地乃得新识，既得新识之比较，则旧识之谬大见，自濯去。而新者日新，乃奖导之，乃实利之。夫有所凭藉则成就甚易，以所改易者少许而成功立得矣。吾在芝加高闻有能创新德律风者，旧制须归总公司代传，今则人人各自能直达。又新刨一传电器与电灯者，吾甚神明其人，以为聪明绝特而能制作者也。及游其公司视其制器，其创作人出见，则年三十许，蠢蠢然一钝物，曾从电学卒业，但于旧器少拨易一二机而得之者。若是，则何人不能？吾乃笑曰："欧美之制器人吾知之矣。"始吾神明爱的森而欲求见之，从此亦罢论矣。

吾游美中，见吾华人未尝学于工厂，未尝游于工学，而费城梁某能自制车头，砵仑余焕和能自制电车，表色地一弱冠少年能自制轮船。是数人今尚为粗工，不过寓目而即能之。吾令余焕和学电焉。此就吾亲见者，其吾所未见者不知凡几也。然则吾国之弱，吾种人不尽能任其咎也。盖吾未尝竞国争，未尝入竟智场考试，何事于学？既不事学、不考试，则吾国之不能列名于强榜中乃固然也。如深山农隐，若王霸蓬头之子，公孙弘牧豕之夫，长子抱孙耕食凿饮，其与朝市士子之终岁摊书橐笔竞于名场，夸科第之荣，炫试艺之美，穷工极巧日益加增者，相去固若南北之风马牛矣。然令公孙弘十年诵读，则六十老翁立能冠汉廷之贤良科，而王霸应征而出，舍耒乘轩，何让邓禹、卓茂乎？

（吾国闭关自守不能列名强榜）

（欧美之人不尚学业但贵实利）

欧美之人不尚学业，但贵实利，英、德尚佳，美人尤甚。国家虽有强迫教育之法，而童子八岁多弃学而执业者。虽入学不取脩金，然美人之能入中学者甚稀。盖实利既盛，但能致富即可得一切之权。吾所过美诸城邑，见其城主、市长及郡守甚多，郡守吾国人多误译为总督者也。自纽约、费城二城主有学识，芝加高、新藟次之，皆以律士充举者。此外皆工肆之主，若挨利贺之郡守则以牧羊致富被举。乃至第二三繁富大郡而吾华人误译而敬为总督者，乃一鞋肆之主，以九万四千之金买众工之欢而举得之者，美人相与笑其朴鄙曰："加份拿即郡守也左置一律士，右立一书记，人问之则唯唯左右顾。"人谓吾曰："请游其鞋肆则喜。"接吾于车站并携吾手而游其肆，无一言。循此而谈，则吾国之超擢某市侩为京卿，放使臣，乃正合美国之俗，不足诟詈也。此所谓文明矣。美人某告我曰："我美国尚实利而不必事学计，后此百年亦必无一哲学者出。"我与一大名鼎鼎、门徒数十万之大牧师谈欧土名理，不能答一词也。吾始见欧美之儿童、仆隶皆以为博学而神明者也，今见美之人士已能想像之。彼为大富翁、大腹贾或制器匠则或多矣，若博学穷理乎，则恐全美国之人未知谁能之也。纽约哥林布大学教授论全美人才，以黑人卜碌架、华盛顿为第一，而置总统甚才且仁者于第三，亦可想美之学风矣。以林肯之贤且仁，然为总统时不能自读议院之疏章，而人不知观听。美之富强，但曰文明。文明，学多，校多，则还观于我国何如也。

我国无强迫之教

我国无强迫之教，无不收脩金之学，然父母犹多典鬻以教其子。我生海滨之粤，而吾耳目所接知识之人，未尝见有不识字者。当十五年前吾教授于粤，粤一城之馆，大、中、小并而计之，凡三千校。此皆以门贴某人之馆计之，若延师于家而课读者，无从知之，犹不足数也。每书馆以二十人计之，尚为六万人，况在家课读之倍于此者乎？欧美人家贫年壮而为学者盖绝无也，吾国人则皆是。故以欧美之大学例之，若英美诸大学之三千人者，吾若有此大学，必逾三万人可断断也。是故吾国人之嗜学虽俗尚使然，殆天然也。其不如人者，则以所学所习非所用，人日学开智，而吾日事八股以锢灵耳。今若易其八股以科学，则焕然启发怒萌不可遏矣。夫万国之开化在教，而教莫不自贵其僧。故婆罗门及佛暨耶莫不尊僧而传其文学，印度、暹罗、缅甸及千年黑暗中世之欧土皆非僧无学也。吾国教无僧，惟以士传其教学，兼任官师与僧，此吾国士所以最贵而最多也。

吾国人嗜学乃天然

万国开化在教

夫英开学于四五百年中，德、法开学于三百年中，至近百年乃极盛。印度号称好学，而儿童十数诵读于街衢。而我命夔教胄乃在四千年前，战国诸子从徒数千百，汉太学生乃至三万，汉儒著录、宋明儒讲学皆万数千人，精舍、学宫皆千年物。我学风之盛，求之大地未古有其匹，数千年学术之书研精入微。故欧人多谓吾东洋能言哲学，我游欧美，诸报访事多质哲学于吾。

我命夔教胄在四千年前

以视欧人，当吾明末乃知去黑暗而复古学，至倍根、笛卡儿，出始去古而渐放光明。即上而索格底、伯拉多、亚里士多图，近而康德、黑智儿、□□□□□□□□□□，其所发心理人道，则一披宋、元、明《学案》，而积牍充栋，人人皆是矣。其边沁、□□□□□□□□□□□□之新说横生，乃正因学术之初启，如吾战国诸子然，既无统宗，各抒（边）〔偏〕见，此乃吾学界已过之世，而彼后生新产耳。然不过如庄子所谓耳目鼻口，各明一义，而不相通者也。英人斯宾塞兼和心、物，学识最为精深，其论穷理尽性且至于命，吾最取焉，然试取朱子集与之合读，同者甚多。若夫因物质以求物理，此固欧人奇特之新得，诚为吾国所未有。若虚学乎，则吾国所最擅长而绰绰有馀者。而今学者以欧美一日之富强而尽媚之，以为无不绝出吾国者；见吾国一日之弱，轻其东家（邱）〔邻〕，以为无一足取焉。吾国最礼祀观音者也。观音作女像，制之以白玉、白磁，像必甚美，白衣莲座，相与拜跪而祈祷之。吾粤有极美者，则必曰："是岂观音耶?"吾女同璧携一女妪从往印度，女妪平日事观音者，闻得往西天佛土而欢喜敬仰无已也。既至印度，行数千里，深入至舍卫，睹印之妇女乃至若王妃、公主者，吾女皆往来焉，率皆深黑瘠黄，圆目紫唇。女妪乃叹曰："昔之观音乃亦如此乎?"以经典之神所传乃皆欺人者耶，于是遂不佞佛。今吾国人之不详考而媚外也，则皆谓观音为秀白而丽美者也。若至印度而深考之，其未有不为女妪之惊叹且悔而且笑也。否则未尝读己国数千年之书，盲瞽无睹，则骤至印度乃开目也，则亦捧无盐以为西子也宜矣。

不可媚外自轻

故吾国人种之慧、好学之风，横大地而无与让。若能改良宫室，务事净洁，置隔板以去地湿，多开窗以通光气，多种花木以吸养弃炭，多习体操以强筋舒骨，多食生血欲滴之牛肉以强体润颜，多饮啤酒以行血丰肌。德人貌干最丰伟，因饮啤酒，吾别有说。择匹端丰长大之妇以合婚传种，孕子育儿者勿居山谷垸埆之地，其废疾者淘汰之。男女六岁以下必就学，壮老之夫皆设休息日学及夜学以教之。则传种日强，相好端丰，颜渐渥丹，神益清明。而挟吾国人士之多以讲求物质，妙抒新理，则吾国之盛强，吾学之修明，万国应无与我竞者矣。

讲求物质妙抒新理

监布列住大学校距伦敦汽车一时许，近学处市街清洁，绿树阴森。教习斋路士君遣马车来迎，出妻女相见。令其女先导游女大学校，与吾女同璧偕。花草绕径，大院石筑二层，长廊绕之。藏书楼数万卷，上下两列。学分神、文、医、算、物理、拉丁、德、法语诸科，但无律耳。三年卒业。女学生一百二十五人，多年廿馀岁者。女教习屑嗤嘘（Mrs. Sidguick）导游焉。

游女大学

女大学不设科第

女大学不设科第。盖欧洲各国旧俗仍抑女，大学皆无科第，此惟美国平等耳。吾谓斋君女公子曰："男女皆天所生，同为平等。今开议院，女应预议，何为不争此权?"斋君女曰："女子之职，义不可作议员也。"盖英女虽预燕会应酬宾友，而安分尚若此。吾所识其法部大臣噂夫人，文学甚深，有才气，常昌女权，则大为报纸所攻矣。英、美仅隔一海，而风俗相悬乃若是，亦可怪矣。然既不欲愚民，既开大学以教女，并习各科以为世用。女子亦天生耳，且科第与官事无预，但以为荣，何为吝此科第而不使女子稍一扬眉耶？此事终让美人出一头地，吾取美矣。吾国若立女大学，当如美之给予科第，令黄崇嘏常出世间焉。英人他日亦必变，但以渐耳。

然美国女权最昌而淫风最甚，讼案居十之九，隳胎居十之八，人类将日少，则可畏莫大焉。美设严禁，隳胎者囚三年，罚金六千，然迄不行。而英女风尚不至此，则其斟酌保守或别有故耶。英之变法多逡遁而最少弊，法、美最新最勇而弊最多，皆为前车，而我后者得以鉴其得失，然后稳着步焉。此吾国人所宜留意也。

美国女权最昌

监布烈住凡二十三校合为一大学，学生凡三千人，校至大者容七百人。有新有旧，而彼得敦士校为最古，阅三百年矣，墙甚旧黝黑。此校藏书楼尤古，已四百年，深长廿丈，书左右列，凡十二万卷，有高宗《耕织图》存焉。

高宗耕织图

每校各有食堂、讲室、书楼、博物院、祈祷道场，各有校长、教习，各为经费，皆如恶士弗。推此而言，吾粤之有菊坡、学海、粤秀、越华、广雅、应元、羊城、西湖、禺山，各有校舍，各有经费，各有校长，各有教习，皆依原名不必改，合为一大学。于府学宫而设总校长、总教习领之，增设总博物院、藏书楼。能通普通学而具脩金者，听学生之来。斋内不足居听寓斋外，虽三万人亦可容也。其有不尽能通普通学者，设补习学校。则莘莘胄子、文物人才盛于列国矣。其民间有校舍、有经费愿归并者，随时合并之，则规模日增。各省城书院数所者，皆照此合并为一大学，至易至简，何为多事更张虚名而无益乎？

中国亦可合诸校为一大学

游总藏书楼，是日不开楼，校长特取钥陪游。书七十万卷。别一室藏中国书数万卷，皆故华使威妥玛所赠者，惟装钉加以西式。中华书著作者八百八十三人，所藏书美

游总藏书楼

恶杂揉，有极恶劣之鄙书燕说而亦列焉。以书目赠我，吾许以书赠之。吾人刁生学舍院，楼三层，有大园，墙亦甚黝黑，与恶士弗同。英王昔学于此，每临学必谒其师，故有行宫在焉。斋墙甚厚，故不甚光矣。

中国藏书

其祈拜耶稣之殿尖塔无数，耸峭宏丽，盖每校有之，而总大学别为一所焉。盖凡教学必尊其先圣、先师，此中西之通义也。遍观各国大、中、小校，莫不同焉。其本校教授之有名者悬像于中，敬先师也；皆有祈拜耶稣之殿，敬先圣也。吾国人就学者虽非同教，既入其学亦施敬焉，其重先圣、先师至矣。其神学科别为一派，班次、衣冠皆在诸科之上，敬先圣因重其传受之人也。日本学校昔本崇孔子，今中国微矣，变用西法，一切扫除，而其国俗则儒、佛同尊，难定于一。孔子又非其国产，故不立祈拜之殿，扫除经学之专科。然中学必诵五经，小学必诵《论语》，彼亦无能自外焉。若我国以儒治国垂数千年，笃生教主，不假异地，此乃大地之所无，而吾国文明之最光远有耀者也。况孔子去世卿，去奴隶，而开二千年一统平等自由之治，定同姓不婚，而人民数万万冠于大地，功莫盛焉。其改制为教主兼该三世，自据乱、升平、太平莫不备具。一世之中又有三统、三正，以待变通，故曰上下无常不可为典要，惟变所适。其称“文王既没，文不在兹”，以文为主，尚进化也。《诗》始文王之君主，以寓据乱；《书》首尧、舜之民主以示升平；《易》称见群龙无首，天下治也，以示太平。明堂之制，上圆下方，三十六牖，

祁拜耶稣殿

我国以儒治国

孔子改制为教主兼该据乱升平太平三世

七十二户，则各国之王宫、议院正同之。衣长后衽，尚白尚黑，建子建丑，则今欧洲各国行焉。试问谁能于数千年前范围欧土之制乎？

今兹经说泥古而不能进化，皆刘歆伪说为之，伪《左传》以夺《公羊》，而微言大义绝。不然，则我六朝时已进升平世矣。太平大同之道，今欧美尚去之万里，而何自弃其妙道大教乎？妄人寡识，以己国一日之弱而惊于欧人一日之强，乃欲尽弃其学而学焉，于我国所弃除之诸子旧说出之，欧人则珍之，而乃轻其东家丘，至有谓中国无教主。敢谓孔子乃哲学家、政治家、教育家，非教主者，审若是，然则中国无教乎？于是媚外风行，群盲推波，乃至大学堂编官书亦公然采兹谬说，渐且有议谒圣不行拜跪礼者，渐且有自称西历几世纪者。无识无耻，谬妄颠愚，举国若狂，甘为奴隶。噫！何吾国人之少弱即不自立，愚顽忘耻若是之甚也！夫今之敢倡是说者，不过以日本书盛行，日读而迷之。日人以神道为宗教，乃日人之妄定名词耳。因是之故，佛、耶、回之言神道者，则以为教儒不如佛、耶、回之专言神道，则以为非教。试问教之为文义，并非日文，亦非西文，乃出于吾古经传记者也。若《书》之称“敬敷五教在宽”，“教胄子”；《易》言“教思无穷”；《论语》言“子有四教”；《孟子》言“教亦多术”，又曰“教以人伦”，“逸居而无教，则近于禽兽”；《史记》称“仲尼弟子以友教于四方”。此皆至近之说，人人共知。教之为义至浅，亦人人共识，岂有数千年文明

教之文义出于古经传记

之中国而可无教，又可无主持教化之人乎？若数千年中国而无教也，然则中国人不皆为禽兽乎？人虽欲媚外自轻，亦何忍弃自昔先民无数圣哲之精英乎？亦何忍自降于无教之禽兽乎？人虽欲自辱自贱，何至如是哉？国有大圣而必自攻弃之，而谓他人父、谓他人君乃为然耶。此等异闻岂真数千年来未有之特识耶？

日人为华文训诂多所未惬

且试原之。日人之于华文训诂多所未惬，如“自由”、“经济”等词皆与中国本义相反。即“体操”二字，在中国文法只可曰“操体”乃通。而其行文又习于佛典之重文，若“慈悲”、“勇猛”、“坚固”等字必用双名。由是主名百物多用双字，如教主、立教之“教”而必曰“宗教”，教学之“教”而必曰“教育”。此今人述日文而视为不刊者，实考之而皆极不通者也。夫宗之与教二文本不相关，中国自古名词有言祖宗者，有言宗庙者，未有言宗教者。日人之为此名词也，始生于佛学者也。自唐世佛学分离，于是《传灯录》分五宗，乃有禅宗、天台宗、慈恩宗、华严宗之目也。其后禅宗中又分宗曰临济宗、沩山宗、仰山宗、云门宗、法眼宗、曹洞宗。所谓宗者，犹战国诸子之分曰某子，后世汉宋之争曰某学，又曰某派、某门云耳。又如人家族姓所谓继别为宗，太史公所作《五宗世家》，今人所谓某房云耳。撰录之僧偶作名词，本无意义。日人又增加本愿宗、真言宗、净土宗、秘密宗焉。日人以其复文之俗习读《传灯》之书，乃取宗字加于教上。盖当时教者专指佛教言之，宗者专指佛教下诸宗派言之也。教大宗小，以宗加教上已大不通矣。

夫教者中国之文词，教者效也，凡学、觉、交、效、爻、孝皆从此义。大意以二物相合，先知觉后知，先觉觉后觉。一人先立一道术，后人从其道而效之云耳。中国既自有教数千年，而《史记》秦扶苏称“诸生皆效法孔子”，汉武帝称“诸不在孔子之道者绝勿进”。而学者束发读经，入学皆拜孔子，言义皆折衷于孔子，犹欧之奉耶，突厥、波斯之奉回。此中国数千年之实事，而非梦呓虚幻之言，虽愚者亦皆知之也。夫举国数千年皆尊奉其道而效之，不谓之有教、不谓之教主而何？

中国有教数千年奉孔子为教主

及佛、道之起，于是有各从其道术而效之者，故谓之佛教、道教，合儒教言之曰“三教”。中国虽尊儒而辟佛、道，然既有此教，即不能不谓之为教。乃至若旁宗外道若白莲教之类，虽其道可辟，而仍不能谓其非教而没其教之名。故教者犹道也，佛典称九十六外道即九十六外教。道与教皆有是道、有是教云尔，苟非率天性而修之道、教未必皆精美也。故教乃事理之一名词，有之非必足贵也。有教未必足贵，然苟非野人若禽兽则未有无教，若无教则惟野人及禽兽耳。惟教术之不一故有美恶，亦惟教术之不一而有人神。然无论其教之术如何，终不能不谓之为教也。今日人宗教之名，本于译欧美之书而定此名词。盖因欧人向宗耶氏，别无他教，故其名曰厘利尽（Religion）。厘利尽者，谓凡能树立一义、能招徒众者之义。然则与中国所谓教别无殊异，所含广大。或谓含有神

儒佛道三教

宗教之名出自欧美之书

道之义，则因耶氏尊上帝，而欧土之教只有耶氏，故附会之，并非厘利尽必限于神道也。若令厘利尽必限于神道，则当以神道译之，而不可以宗教译之。又或以神教译之，而不可以宗教译之。今日人以佛氏宗教之词译耶氏厘利尽之义，耶少变佛而本出于佛，回少变耶而实出于耶，其同为神道固如一矣。然若限于神道为教，则宇宙甚大，立教甚多，岂必尽言神道者？凡能树一义以招徒党而传于后者，苟非神道则以何名之？以何译之？既无他名词则亦不能不以厘利尽目之，则哩利尽亦为凡教之广义，而不能为神道之专词矣。

孔子之道至大

夫孔子之道至大，兼陈三世以待变通，无所不有，既不能执一端以窥之。日人以异域传儒书，始知韩、柳，继讲朱、王，其不足知孔子固不足异。然孔子既自言之曰："圣人以神道设教，而天下服。"又曰："明命鬼神，以为黔首，则百众以畏，万民以服。"故虽远鬼神而不语，以扫野蛮时迷信过甚之风，亦存祭祀而畏天，以示照临上下左右之切，故尽毁淫祀而仍隆敬祀典，立天地、山川、社稷、先祖之祀。《诗》、《书》所载，语必称天。"明明在上，赫赫在下。天难忱斯，〔不易维王〕。天位殷适，〔使不挟四方〕。"六语之中，四语称天。曰："上帝临汝，无贰尔心。获罪于天，无所祷也。"诸经所述，不可胜数，虽耶教尊天之切，岂有过此。

中国开明最早

中国开明最早，以孔子早扫神权，故后儒承风，几为无鬼之论。然在孔子之意，以生当乱世，人性未善，不能不假鬼神以怵之，仍存而不绝。如管子所谓：“不明鬼神，则陋民不悟也。”故庄子称孔子曰：“古之人其备乎！配神明，六通四辟，无不在。”即以神道为教，孔子何尝不兼容并包，但不欲以此深惑愚民，若异氏之术自取尊崇耳。今多谓孔子不言天神、灵魂、死后者，皆误因《论语》一二言如“子不语神怪”、“远鬼神”之说。则《易》曰：“精气为物，游魂为变。”故知鬼神之情状。焄蒿凄怆，天地之精，乃取而祀之。经说固无限，且即以《大学》开〔端〕曰“在〔明〕明德”，岂非灵魂？而《中庸》开口曰“天命”，终语曰：“上天之载，无声无臭。”至矣！此又何言？故日人之加宗于教以为名词，义不可通。

夫欧人文法无合两字义为一字义者，稍有重复字义以为极劣，其在蒙学，蒙师亦即以笔涂之。中国古者形容之词行文偶有一二，至六朝人之文必用骈语凑足字数。野僧不学，当译佛典乃全用双字。日人不知其本，无论述何字义、行何文词，必用双字。若如其例，则“天命之谓性”必当曰“天帝命令之性质”，“大学之道”必当曰“广大教学之道术”，“在河之洲”必曰“止在河水之洲渚”，“若稽古帝尧”必曰“顺若稽考古先帝尧”矣，“乾元亨利贞”必曰“乾元始亨通利益贞正”矣。此在注家训诂则可，否则岂复成文乎？在中文固无理而可笑，在欧人则以为鄙劣而不通。今以日人所学我数千年文明之汉文，我乃舍而从日人不妥可笑之名词，愚陋甚矣。是故宗教二字

宗教二字不典不妥

之不典不妥，在日人已不可，况在吾国人，必不可引之于笔端。吾国数千年文词只有教字之一字一义，吾国人行文只可曰教，安有宗教之不妥贴而令人迷惑者乎？

今即不泥文义而姑从其意而虚会之，其曰宗教家者，耶、佛、回之言神道者也，非言神道者，不得号曰宗教也。若如其意义则非宗教也，乃神道也。今欧美各学校于研求耶教经典之科，日人亦知译为神科矣。然则于耶、佛、回之教何不译曰神道乎？不尔则亦曰神教乎？孔子虽天人并包，兼举神灵，然若曰中国之教、孔子之道为神道、为神教，则非徒不足以包孔子之道之大，而义实不切。数千年来，皆以孔子为教，无以孔子为神道、神教者。若妄名之，非愚则诬，亦言孔子教者所嗤而不受也。若以宗为神，则中国宗之文尊也，有祖义而无神义。即以佛教《传灯录》创立宗字，彼禅宗、天台宗、慈恩、华严皆指心现境，不尚鬼神。故以宗教代神教之名，谬矣。若以代中国普遍之教名，则白莲教、五斗米道教皆得为教，何况数千年中国之大教乎？故如日人之名词，无一而可也。

日人之名词无一而可

今日人之号名学派译自欧人，自宗教外有哲学、政治、教育等名词，而以宗教为神道、神教。中国之大教主孔子者，既非神道、神教，则无以名之。而孔子又适四通六辟，无所不在，故谓之曰哲学家、政治家、教育家也。夫以欧人自罗马中绝，仅有三数百年之学术复光，其阅历至浅，本不足该摄宇宙。至百年来，则又书籍太多，业难兼该。故欧人于其十九纪之人才多专门，而少如彼十八纪之通学者，时为之也。故彼今之俗，政党之政客日夜运动，无少休息，机谋日出而德心浅，奔走应酬日多而学问浅。故为政客者不为学者，为学者则教授穷理不为政客，几若绝域而居。而我中国则实无此数者之分，即如道德之士中国所贵，如黄叔度、郭有道者并非哲学教授，政治家何称焉？上之圣贤如伯夷、柳惠、颜、曾、闵、冉，亦又何称？故日人所译述欧人之名词，在彼欧土则可，在我则大不当也。

政客与学者若绝域而居

吾国人今以一日之弱迷于日本之新书，醉于欧美之强盛，不问是否，不审时变，但出自欧、美、日本愚下人之论说，则尊尚之，盲从之。于是凡中国之旧说，不论其为圣贤豪杰、圣经贤传则弃去之。此是何状？此作何名？今好新者动以奴隶性质骂人，而以自主自立为贵。然媚外自弃若此，非奴隶而何？以数千年学术文教最文明之中国而全弃之，不能自主自立，如何甚且以日人所译欧义不完不备、不妥不通之宗教等名词，〔奉之惟谨〕。人摈我为无教，我亦曰“吾无教”。人（控）〔摈〕孔子非教主，我亦曰“孔子非教主”，如木偶、土梗，如留声机器，听人之揶揄辱骂为无教之野蛮禽兽，而亦甘签名具亲供，曰我中国为无教之野蛮禽兽。真不料吾神明之种族，有此无耻无愤、不知不觉之物也。

一人自供认野蛮禽兽犹以为未足，而乃智者创述之，官书公定之，行之通国，教之学童，惟恐举国四万万人及后嗣子孙不知己为野蛮禽兽，而大昌扬训导之曰："尔中国无教者也，无教主者也。"是诚何心？不过欲尽驱纳之于他教，尽驱纳之为他国奴耳。就令若是，彼创述者亦何益焉？而乃互相传习，互相称述，尽翻数千年中国为有教、有教主之说。惟恐不至，惟恐不尽，惟恐未明，若尚使中国数千年稍有一不作野蛮、不作禽兽者而少有教焉，则心不安耶！苟非丧心病狂，则何称焉？吾国神明之胄不幸何以有此乎！吾国人士若不念神明之种，甘为野蛮禽兽也，则从之曰"中国无教、无教主"可也。

吾国教最文明最精深

吾国人士而稍自念神明之胄，不甘为野蛮禽兽也，其无盲从妄说曰"吾中国无教、无教主"也。知吾国教最文明、最精深，然后吾种贵。知吾国产教主道最中庸、最博大、最进化、最宜于今世，可大行于欧美，全地莫不尊亲，然后吾种贵。知吾国有最美之教，有神明圣王之教主，我全国及各校宜尊之拜之，将来使大地效之，如欧人之尊耶稣然，然后吾种贵。知吾种贵，然后不媚外为奴，不称人世纪而自立。知自立而后学，盛道尊而后种强民贵焉。兹事所关大，可不留意耶？盖他教虽各有神圣，而中国数千年民俗之宜，功德之盛无如孔子者，此为吾国教也。民间乡曲宜尽废淫祠而遍祀之，立诸生以司讲劝焉，如欧美人之祠耶稣，立祭司、牧师也。大、中、小学校宜设殿拜跪祭祀敬礼，诵经讲经，宜立经学科，尤尊崇其诸生以传其道，如欧人之学校之必有礼拜耶稣之殿以诵经讲道，又必有神学之科焉。宜立儒教为国教，而其馀听民之

宜立儒教为国教

信教自由，如欧人之以耶稣或天主为国教，而以其馀听民之信教自由也。宜以孔子纪年以统中国数千年之记事，以省烦渎，而与国朝今上纪元古今大小并行，如日本之以明治君号纪元，而又以神武天皇纪元，二千五百年同为大小并行焉。昔张之洞定学制，固多未宜，请立经学科一事乃最有识，与欧美之尊先圣甚合。今之媚外者乃大攻其守旧，彼于欧美之法无不媚，何为于立教之大学校中神科之设而反忘之耶？

吾国人得新弃旧非顽固保守

吾国人有一奇质，变化最速，得新则弃旧，故绝无古物之存，为文明之大憾。外国人攻吾国为顽固保守，此特见一时而已，吾则深怪吾国人轻佻悍薄而已。试详论之。今突厥、波斯之与欧土至近也，若突厥更与奥、俄邻界，自君士但丁那仆至奥京之湾不过三十六时，不过一日半耳。然欧土变法数百年，而波、突今犹酣睡，若罔闻知。即以监布烈住吾国学生已十馀，突厥乃仅一生，波斯则无焉。即以欧土各国变法皆经数百年，次第渐变而成今式，试观吾国一二年间一跃而大变，几若以日本为腐败、以欧洲为留滞，欲一超而过于美焉。闻日京、上海之间所号称之男新党、女豪杰，其家庭、衣服、体发气象种种革命，千怪万状，日异月新，不可思议。自我不见于今数年而大变，若此几若异世宙矣。近人名词必用日本书，称年必用几世纪，虽不知自立，然无论誉之攻之，要其不为顽固保守易见也。以为一二人乎？则今几遍于全国矣。我自戊戌维新，忧心沉沉，惧国土之覆亡而人士之不我从也。曾几何时，相将飞变，甚且攻我为守旧矣。

即如近者毁佛寺以兴学，粤城之长寿既毁，梧州之冰井生波。何所不可以兴学，徒令古迹荒芜，亦复何必更闻长寿刮及佛身之金？夫成住坏空，大劫自然，天地且不能久，而况于人？盛衰轮回，物之理也，何足计哉？然佛固大地一大教也，其教虽不切于中国，而其学则微妙精深，洽于至理，无能毁之者也。今日之所趋，水流沙转，而轻重深浅自见，不必过用人力也。至于古物遗迹则尤珍护之。吾所著意、法、英游记中，诸千数百年之古宫室、寺垒尤多，其图可具见也。岂惟本国，乃至所灭之异国、异种、异教，于其古迹并加珍护。印度舍卫之佛殿，以石柱数十扶之。蒙古前帝之食殿，饰金以三千金补其三尺焉。其馀石像刻镂之物，皆收拾一室，有守者司其钥而待游人之览焉。彼岂有恭敬之心哉？以为大地之珍奇当与大地古今之人公共之。一以开知识而为进化之助，一以不示专己守残，当博异闻之意至深远哉！此英之所以为文明而强盛也。

佛教微妙精深洽于至理

古迹遗迹尤当珍护

洪秀全之乱也，所过名蓝旧迹莫不焚烧，吾过庐山之九十九寺皆灰烬焉。野番争则焚人之庐，岂有异欤？此岂止盗贼之行耶？不爱大地古今公共之珍奇物者，非人理也。今之为维新务实用好媚外者，非新不用，非欧美则弃，勇猛好事，则亦勇矣，然是非深远，甚难定也。庸讵知今日之以为是者，不旋踵后人即以为非乎？苟无关大体者，无宁留有馀以待后人之思，且藉以博见闻而考进化

不爱大地古今公共之珍奇物者非人理也

耶！且即以为非而扫除焚薙之，不类于野番盗贼之行乎？专务实用耶？则家人筐箧、厨灶、米盐莫尚矣，此岂数千年文明之人族所宜有耶？假令行此，岂不羞耻？若英人者以我为野蛮，不亦宜乎？秦之长城，隋之邗沟，吾今日日数之以炫我文明。今中国城垣无用矣，然不可毁。寺观无用，亦何必毁神佛之像？何不留供博物院之料？舍此岂不能应用而兴国乎？保护珍惜，留此示后人。

前人遗物可以令人兴观群怨

一瓦一石，一椽一砖，皆千数百年之遗物，有可以令人兴观群怨者，譬之《诗》、《乐》、长歌短谣，一倡三叹，亦何用乎？而意倜乎远矣。比兴甚深，感人甚远，岂止作人之厚质雅韵？深情远度，而见闻之可博，进化之所关，亦甚大矣。吾戊戌之毁淫祠，乃无名之庙宇耳，非有教之庵寺也。即欲毁弃一教之大，安有不明下诏书辨析而后去之？吏胥之奉行不善，致僧尼震惊，岂明诏之初心哉？且吾之变法乃缘救国不得已。当国争世，虽微他日太平世，必又有转轮而兴盛焉。即耶氏之盛，夫亦佛氏之绪馀。故凡一大教之能立，必有至道入人者焉，虽有帝王强霸之力，无能灭之者也。但兴衰有时耳，挟一时之强力而欲灭教者，皆愚者耳。今耶氏势盛则保护之，佛教衰微则践蹈之，柔茹刚吐，亦志士仁人之大耻也。

夫昔人非无辟佛者，当北齐时，人民二百馀万，而僧居六十万，民人多舍身佞佛。若此则人道将灭而教治大坏，如是则不能不大辟之以拯其敝，此昌黎之徒所为日大呼耳。若夫今日之中国，佛教几尽沦亡，行广西数千里几无一寺矣。今日所为中国患者岂在佛教乎？缁徒于今虽少有德学者，然吾观山水佳处及书画古物，多得山寺僧徒以点缀保守之。若人间则专事谋食，不能居守名山水也，变乱已多不能保守名物也。故昔人于寺僧可辟之，今于山寺僧徒真可以为中国绝妙之博物院、古物室焉，则弥可珍爱焉。

山寺僧徒为中国绝妙之博物院

吾遍游大地矣，入新国，游山水名迹，无古寺、古物之可考，无怪服之僧、出世之典可见，辄觉寡趣，虽以至盛强之美亦然。盖人间世之事理甚多，墙之有东西，相反而相成也。有用之与无用，出世之与入世，亦有相成者矣。一室之无空虚也，身何以转旋焉？宅之有门户也，当其无以入出故有。有之以为利，无之以为用。人能知无用之用、出世之成乎，则几乎可与变法者也。人之务实利实用固矣，然人固有高情逸韵，远度清襟，自然馨逸，人亦爱慕之。闹市华堂，清庙广廷，曲室洞房，固人之所欲处矣，然山林泉石、天风海涛之空旷，萧洒高流之士尤乐焉。厨者以饮食，人所最要而不可少者也，而多远之。怪石山花不周于用，而斋堂以为清供，与之尤亲切焉。野人饮食男女、厨溷床〔第〕，外无他事物，至务实用也，而教化最浅，去兽不远，人所至轻之者也。名士高流，陈书画金石之骨董、嘉花异草之清供，此饥之不可食、寒之不可衣者也，而文明最深。若欧美之富室，陈设如骨董肆焉。由此以谈，然则能用无用者岂不尤文而贵乎？专讲实用者岂非野鄙而贱乎？一切可以此推焉。

专讲实用者野鄙可贱

吾观欧人之变法也，用其新而不必尽弃其旧也，英尤得焉。双轮并驰，徐以俟其得失耳。苟政治之败、物质之窳必当与各国絜短较长者，则吾为日不给而改良救正之。故八股、诗赋吾所笃嗜也，忍爱而立割焉。若夫不关于救国之政治、物质，则君子行礼不求变俗，猎较犹可簪花一枝。旧酒醰醰，古器泽泽。遗簪不弃，故剑宜求。摩古钟鼎而欣然，玩旧书画而色喜。步游废寺而徘徊，俯读断碑而堕泪。故人风雨，故园草木，故乡庐墓，故国山河，每一相思侧望，何极眷恋反侧。我怀如何，庄子所谓旧国旧都，望之惕然，人之情也。君等独无情哉？苟无故旧之情欤，其为真爱祖国之仁人耶？吾不敢知也。虚憍者不足以任大，浮慕者不足以举实，轻躁者不足以虑远。斟之酌之，损之益之，断之续之，思得其宜则变通尽利矣。《诗》曰：“既和且平，依我磬声。”吾国数千年文明大国，大地诚无过我者。过十年自强后，保国粹之论必大出。春兰秋菊，时出芳馨。必有英俊领袖之者，追视今者之披头乱服，乱舞傞傞，必嗤为蛮野无耻矣。抱爱国深情者，于意云何？

变法利用期新不必尽弃其旧

庄子所谓旧国旧都望之惕然

得其宜则变通尽利

恶士弗大学堂全景

袄祠校畲塔。显利第八于西一千五百四十五六年建，复数十年增建塔及炮垒。牙形塔乃一千六百八十年筑，乃规土隋□□□□□□所为也。初为王高等学，后名袄祠。

恶士弗大学全景一览

塔顶有大钟，重一万七千磅，每夕九时五分击钟一百一响，从一千八百五十四年学生数也。

祆祠校。此院长四百尺，此塔自西望东。钟经五铸乃成，为此校之正垒。

祆祠校食堂。此楼悬钟，此塔甚古。昔半坏，复修高一百四十四尺，修于彼一八七八年。

迫华打校。西一千七百零五年迫华打创，以其所创故此座即名。迫华打当显利第三时尝为恶士弗市长，有名。此院所藏多抄本及古货币。

迫华打校食堂。此堂经楂理第一、占士第一、以利沙伯诸王皆临幸云。公食堂中，周悬古校长及名教习像。长百十五尺，广四十尺，高五十尺。

新楼校。新楼室五十，此一千八百六十二年所筑。

此院名罗马讲教堂，以昔专读罗马拉丁文，故名。

罗马讲教堂西影。

罗马讲教堂东影。

公食堂门外，校外之道，古木浓阴，古太多严。更生以孔子一千四百五十五年夏五游焉。

规住嘬住校总图。

边卜碌校。一千六百二十四年占士第一筑。

边卜碌校舍内院。院内净洁，篑舍缠藤，甚幽雅。上下皆诸生室。

窝车士打校。贪玛曲所创，在彼一千七百十四年。

印字馆。欧人学校教堂必有印字馆，以印讲义及所作文词。

色嚩校。富商贪歪所创，在彼一五五五年。贪歪曾为伦敦市井。二次校甚古，黝黑污颓。英伦学生中服与明世诸生无异，其方中有带尤全同，可见文明之暗合也。

色嚩校。此近园处绕以花木，园方五嗌架。恶士弗之佳校。

波料校。西一千二百六十三年尊波料所创，英王咽活第一曾立其子为苏格兰王。

波料校公食堂。

灰街，此道通推拿地校。

推拿地校。彼一五五四年贪玛不曲创。

古校塔。昔人教习多于此演说，今以为试场。窗甚小窄，可见古旧之风。

推拿地校说教堂。遍欧美学校无不有祈祷耶稣之神殿及说教处，则吾国学校之宜崇祀孔子、讲经可知。

嗌士打校。此校园甚幽。一千三百十四年华打帝士答顿创。

嗌士打校舍校甚古，故剥落黝黑。

嗌士打校祈耶稣说教堂，华丽精工。

耶稣校。西一千五百七十一年以列沙伯女王创，先低渭捐建。

耶稣校。内院。

临觐校。临觐埠僧正列咠父利命创在西一千四百二十七年，古旧剥落。

卑理顺那校，此其公食堂。

卑理顺那校，西千五百九年僧正威廉士蔑创。

卑理顺那校内院。更生游。

卑理顺那校。诸生公坐处，此以待三年将毕业者。

卸路多尼戏院。西千六百六十四年赊路顿捐资建，故以为名，柱上下二像乃十二该撒假而真也。古旧制，剥落，英人不修饰，并夸其古，以为欧人所无也。欧美人创艺重新而好古，尚旧又有甚焉。吾国人不知而尽毁古物以从人，何其反也！

戏院内式仿罗马，戏院亦为演说处。楼上为未毕业诸生，楼下廊外待女客，廊内正中者领学位之诸生，外为来宾。

吊湾地校。此旧名相沿为称，彼一四八十年改为演说堂。

看那歃顺楼，今藏书处。

波炼藏书楼。一五四四年起，一六一二年创，贪玛波炼为之。凡藏书四十四万册，抄本三百多，希伯来文。更生尝阅书于是。

烈地歃利父医学院，以创者之名名之。西一千七百七十年创。方广五嗌架，贪玛罗腻赠。

印度校，此以教自印度及自外来者。

忽机校，西一六十二年忽机之妻多氏为夫舍，乃购自僧舍。

忽机校之园及袄祠演说处。

大学之博物院。西一八五五年创，一千八百六十年开。更生徘徊竟日焉。

歆伯来校。西一八百七十年公捐四万五千磅，为大僧歆伯来纪念施舍者。

歆伯来校。祈室说教堂内高七十尺，横卅五尺，长一百二十四尺。

喝佛校。一千七百四十年创。

喝佛校内院。花在四角，甚雅。

新校。西一千三百八十六年僧威廉创，凭旧城为之。

新校之园，可登城而望。

新校之黉舍及园。

新校门外。此校周百三十尺，广百八十五尺长。此塔昔葬学生焉。

新校周墙。

新校之新舍，西一千八百七十八年筑。

玛地吝校之祈室说教处，一千四百八十年筑。

新校之祈室说教处。

玛地吝校，自外观者。西一四六十年威廉创。光绪卅年夏五更生连日游于此。

玛地吝校内院。

玛地吝校内之祈室说教处。

玛地吝校内舍。此校风景甚佳。此桥更生频徙倚。

播打嫩园，盖植物学院，创于西千六百廿二年。内皆种花木以备考。

式烟问诃校。西一千五百五十七年名女王学。

女后校。一千三百四十年立罢地意基肥路所创。咽活第三之后记念处。

女后校内院。

新试院。一八八二年开，费十万磅。

试院内，此考生也。

大学之校。一千三百四十三年大噫路佛创。

大学之校，在街上影。

苏校及玛利亚庙，千四百卅七年公捐建。

苏校内院之塔。

苏校及藏书楼，更生尝观书而登塔倚阑周望焉。

玛利亚庙门。

烈地欹利文藏书楼，更生尝倚阑远望全市，徘徊古今。西千七百卅七年筑，一千七百四十九年开，费四万磅。广百尺，高百四十尺。兼购书台，但为医书。此医□□威廉第三及后安者。

玛利亚校，一三三三年创。本为公会，后改为学。

阿料校，咽活第二创于一三二六年。甚黝旧颓败。

阿料校内院。

阿料校内院。

可罢士伽士地校。一五六十年逊士爵士创。

玛利顿校。西一千二百六十四年玛顿创，移于此在后十年也。

玛利顿校园。

玛利顿校藏书楼。威廉逊打筑于千三百八十年。

□噫地顺路。

免士非路校。西一八八六年创，初为基督学，后改校。

免奢士打新校。西一七八六年创于免奢士打埠，屡迁，至一千八八九年乃来此，盖以学聚于是也。

诸生公会所。西一八二三年创。内有藏书处，凡四万册。诸生于此饮酒谈笑，寄信打电。浴室外有园林，诸生休于是。更生尝游坐焉。

梯咦拉校。一七八八年梯咦拉死后舍出为学各国语学，今改。

高街□伽非□奕袄祠。

玛利顿记念塔及交通。

恶士弗市街道，此往望贪塔处。

恶士弗古炮寨。

斗球场。

学生竞渡处，士女缤纷，竞渡船上旌旗招飏。

学生竞渡，观者如云。

学生竞渡处。

学生竞渡处。

学生竞渡处，观者如云，游女如雾。

噫父黎厂，风景甚佳。

噫父利庙。

咇呢嫌桥。

啾呢嫌风景。

葛士度人家，距恶士弗数里。

产水仙花处。

葛地顿校，距恶士弗南东。

恶士弗大桥。

〔附〕游域多利、温哥华二埠记此篇作于1899年4月16日，据《清议报》第十五册。

呜呼！外国多谓中国人之不爱国，岂其然哉！吾以二月自日本游美洲，涉万里之重波，历二十日不见寸土。甫至域岸，见一吾国人，心窃哀之。而其人电话立传，迎者纷至，夹道拥观，至数百人。乃开中华会馆而见之，集者千数。咸言沦落海外，不能齿列国之齐民，西望宗国，睊睊忧悲。故闻维新而蹈跃大喜，闻政变而忧愤交作，闻吾被逮而忧念惴惴。有叶恩者，乃至两夕不交睫，食为之减、发为之白者。咸虑无国可归，无家可归，其情至可悲也。

自日本抵美洲

多走数百里来，相与争问皇上之安否及政变之故。乃告以皇上爱民之德意，谓万民不安，皆朕躬失职。今者变用西法，皆为吾民安乐之故，使天下人人皆知其君之可恃，自任以能教养保护之。又许令天下百姓皆得上书条陈利弊，为古来之所无。其他开铁路、轮船、银行及学校，

变用西法皆为吾民安乐之故

男女人人皆不费而可读书，开农工商之学会、学堂，免厘金、折漕米以惠小民，修道路、开医院、购铁舰以保护海外之民，则咸欢喜欣乐。及语及皇上被囚瀛台不得出，索鸡粥而不得，珍妃冬月单衣，则欷歔蹙愁，有感泣者。问以愿中国自强否？愿者抚掌，则咸抚掌。愿皇上复政否？愿者抚掌，则咸抚掌。

温哥华演说

吾以三月初七夕在温哥华演说，远近各埠千数百里来观，集者千三百馀人，楼上下皆挤塞，西人、日人男女来观者亦甚众。电灯莹如白昼，报馆记者巡捕环立，规模闳大。吾与乡人激厉如前，咸知维新政变之由，皆感叹哀泣，如域多利也。吾所至之地，乡人杂立，拥道环观。酒馔车马，日费百馀金。西人、东人亦拥道来观。多叹中国人心之义愤，或借以觇中国之不亡者。其各埠之来迎者纷纷矣。吾以一逋臣无补国艰，何足道，而邦人相爱至此。非惟爱吾也，爱变法也。非爱变法也，爱其国也，忧其国也。夫以如是之人心，何所不可哉！

和亲通联可以救中国

吾乃告乡人曰：今中国虽危弱，而实篡后、权臣一二之故耳。皇上复位，则吾四万万同胞之兄弟皆可救矣。又言曰：吾中国人民之多，患在不和亲通联耳。能和亲通联，则可救矣。今以同胞在外，而兄弟相阋、手足相殴，则四万万人，实则孤寡一人，宜人之侮之矣。譬如壮夫，一身血脉不相通，则痿而不成人矣。若吾同胞能和好联络，则内之省省通，府府通，县县通，外之人人相通，埠埠相通。则外之合海外五百万人为一人，内之合四万万人为一人，其孰能凌之？若能和亲通联，内之可以救中国。即不幸宗国沦亡，犹不失为犹太也。日本领事清水君，与吾言吾国人之困苦流离，吾但泪下不能语。吾既舍此身以救吾四万万之同胞，吾之同胞既不幸无父母之贻罹，惟有自求成立而已。既能自立，则父之在囚，且可救之矣。语次，千头鱼鱼无声，灯光闪闪，乡人感叹垂涕，多呜呜欲绝者。

呜呼！谁谓中国民之不爱国哉！在此乡人皆通英语，亦多有明达之才、专门之学者。中国维新，需才孔亟，天其或假我尽见之，以联海外之同胞之情，而擢异域怀才之秀，未可知也。吾益知海外之民之可用也，其尤高义，主持域多利者李梦九、主持温哥华者叶恩也。光绪二十五年三月七日，奉诏逋臣康有为记。

海外之民可用

〔附〕游加拿大记

此篇作于1899年5月，据《清议报》第二十五册。

度加拿大之印象

三月之末，度加拿大，逾落机大山。千峰积雪，长松覆地，铁路转壳曲折、循山逾涧若长蛇。凡经雪架山洞八十馀，涧桥无数。俯瞰碧湍，与雪峰相映，光景奇绝。铁轨盘山顶而过，山巅甚平而无名。西人请吾名之，吾名之为太平顶，期大地之太平世也。逾山则雪碛数千里，无寸土寸草及人居。时有一二烟剪入帐居于是牧畜，想见吾漠北气象。如是者四五千里，乃到苏坡湖。湖中万岛，界分英美。烟波洲渚，浩渺微茫。石阜长松，连续千里。此地殆中原所无，亦地球所少见也。

会见加拿大总督等

三月晦夕，至阿图和，凡六日，铁路行万里矣。其国预派巡捕官于车站前相接。越日，其总督、总统、总税司官约见。其总督由英所命，若吾之镇守将军也。加拿大虽属英，而别为民政如美国。其总统由民举，虽位总督下，而大权一切属之。总统名罗利，法种，而新党新得政者也。一握手即曰：吾与子皆新党，愿祝子速得政如我。相接欣然，延入密室密谈，情意至厚。述及彼旧事，相与欷歔国种，令我过戈壁视其旧垒焉。再使一官邀吾视议院，导游各所，及观议员议事。复至书藏，云有中国书甚多，后遣人以藏图赠焉。其下议院长请茶宴，出其夫人诸女相见。再导观议院，罗利并亲陪焉。

先是，英总督请跳舞宴，是夕九时赴焉。男女七百人，铺设宏丽，男女合沓，长裾曳地。各大臣皆来握手问讯。总督与诸大臣先舞，次官继舞，后则群宾乱舞，若旅酬焉。总督延吾在舞厅之高座，此则惟总督、总统夫妇坐者，群官皆不与焉。旧总统偕吾巡视各厅及园林，灯彩万千，花香错杂。其酒厅列兵二队，左右执枪立。但总督与各执政大臣一席，吾一席，馀俱立饮。饮毕复舞，至二时乃散。越日，总督命一女画师自悫郎度来，为吾写像。画师年十八，其地最知名者也。吾口占一绝云：

英总督请跳舞宴

飘泊馀生北美洲，左贤特为写形留。风鬟十八红衣女，却是中原顾虎头。

画师写像有诗

康有为英国游记

人名索引

五画

八画

九画

十画

十三画

十四画

十五画

十六画

十七画

十八画

康有为英国游记

译名简释

四画

太吾士河

泰晤士河

爪哇

印度尼西亚

乌拉乖

乌拉圭

乌柯连

美国大学

巴明谦

伯明翰

六画

西林抓

美国西北小镇，西林抓大学所在地

吕宋

菲律宾

华波人

非洲部落人

安南

越南

七画

李抓罅

美国西北小镇，李抓罅大学所在地

阿图和

加拿大属地

八画

耶路

美国耶鲁大学

拉士高

苏格兰城市

奈波里

那不勒斯

法兰克

法兰克福

波非(P. F)

大教习

九画

呒噫(M. A)

硕士学位

哈利非吃

加拿大城市

咩阿利人

南非部落人

柔佛

马来西亚

十画

哲孟雄

锡金

挨利贺

美国地名

恶士佛

Oxford,牛津

砵仑

波特兰

监布烈住

Cambridge,剑桥

租护人

祖鲁人

般乌人

南洋群岛部落人

十一画

壳郎度

多伦多

掘地马拉

危地马拉

曼梯河

加拿大河流

啤尸噫(BCA)

法学学士

啤噫(B. A)

学士学位

剆打

Doctor,博士学位

十二画

落机大山

落基山

湾高华

温哥华

寒丁邓

英国地名

十三画

锡兰

斯里兰卡

十五画

暹罗

泰国

德律风

Telegraph,电话

十六画

噫丁堡

爱丁堡

二十一画

霹雳

Perak,马来西亚一州

走向世界丛书一百种

初编三十五种以＊标出

谢清高 **海录**
＊ 容　闳 **西学东渐记**
＊ 林　鍼 **西海纪游草**
＊ 罗　森 **日本日记**
＊ 斌　椿 **乘槎笔记**
＊ 张德彝 **航海述奇**
＊ 王　韬 **漫游随录**
＊ 志　刚 **初使泰西记**
＊ 张德彝 **再述奇**（欧美环游记）
＊ 张德彝 **三述奇**（随使法国记）
王　芝 **海客日谈**
＊ 祁兆熙 **游美洲日记**
＊ 李　圭 **环游地球新录**
＊ 郭嵩焘 **伦敦与巴黎日记**
＊ 张德彝 **四述奇**（随使英俄记）
＊ 黎庶昌 **西洋杂志**
＊ 刘锡鸿 **英轺私记**
李凤苞 **使德日记**
钱德培 **欧游随笔**
＊ 何如璋 **使东述略及杂咏**
＊ 张斯桂 **使东诗录**
黄遵宪 **日本国志**
＊ 黄遵宪 **日本杂事诗**〔广注〕
陈兰彬 **使美纪略**
＊ 曾纪泽 **出使英法俄国日记**
＊ 王　韬 **扶桑游记**
＊ 徐建寅 **欧游杂录**
谭乾初 **古巴杂记**
王之春 **谈瀛录**
＊ 李筱圃 **日本纪游**
池仲佑 **西行日记**
蔡　钧 **出洋琐记**
袁祖志 **瀛海采问纪实**
张祖翼 **伦敦竹枝词**
王以宣 **法京纪事诗**
潘飞声 **西海纪行卷**
潘飞声 **柏林竹枝词**
潘飞声 **天外归槎录**
张荫桓 **三洲日记**
邹代钧 **西征纪程**
王咏霓 **道西斋日记**
张元济 **环游谈荟**
余思诒 **楼船日记**
缪祐孙 **俄游汇编**
张德彝 **五述奇**
＊ 傅云龙 **游历日本图经馀记**
傅云龙 **游历美加等国图经馀记**
洪　勋 **游历闻见录**
崔国因 **出使美日秘国日记**
＊ 薛福成 **出使英法义比四国日记**
＊ 薛福成 **出使日记续刻**
陈道华 **日京竹枝词**

严　修 **东游日记**
姚鹏图 **扶桑百八吟**
凤　凌 **游馀仅志**
* 黄庆澄 **东游日记**
吴宗濂 **随轺笔记**
宋育仁 **泰西各国采风记**
王之春 **使俄草**
伍廷芳 **美国视察记**
* 蔡尔康等 **李鸿章历聘欧美记**
张德彝 **六述奇**
刘学询 **考察商务日记**
黄　璟 **考察农务日记**
罗振玉 **扶桑两月记**
罗振玉 **扶桑再游记**
丁鸿臣 **东瀛阅操日记**
沈翊清 **东游日记**
* 梁启超 **新大陆游记**
张德彝 **八述奇**
载　振 **英轺日记**
吴汝纶 **东游丛录**
双　寿 **东瀛小识**
缪荃孙 **日游汇编**
周学熙 **东游日记**
* 单士厘 **癸卯旅行记**
凌文渊 **籥盦东游日记**
张　謇 **癸卯东游日记**
蒋　煦 **西游日记**
王景禧 **日游笔记**
陈　琪 **环游日记**
* 康有为 **意大利游记**
康有为 **德意志等国游记**
康有为 **英国游记**
* 康有为 **法兰西游记**
韩国钧 **实业界之九十日**
李濬之 **东隅琐记**
盛宣怀 **愚斋东游日记**
* 戴鸿慈 **出使九国日记**
金　鼎 **随同考察政治笔记**
* 载　泽 **考察政治日记**
程　淯 **丙午日本游记**
康有为 **西班牙等国游记**
杨泰阶 **东游日记**
文　恺 **东游日记**
左湘钟 **东游日记**
吕珮芬 **东瀛参观学校记**
* 林汝耀 **苏格兰游学指南**
* 单士厘 **归潜记**
金绍城 **十八国游记**
附 艾儒略 **职方外纪**
附 南怀仁 **坤舆图说**
附 丁韪良 **西学考略**
附 艾约瑟 **西学启蒙**

图书在版编目(CIP)数据

英国游记/康有为著.—长沙:岳麓书社,2016.9(2022.重印)
(走向世界丛书/钟叔河主编)
ISBN 978-7-5538-0657-0

Ⅰ.①英… Ⅱ.①康… Ⅲ.①游记—英国 Ⅳ.①K956.19

中国版本图书馆 CIP 数据核字(2016)第 189629 号

YINGGUO YOUJI

英国游记

作　　者:康有为
校 点 者:刘无羡　蔡志斌
责任编辑:杨云辉
责任校对:舒　舍
封面设计:吴颖辉　贺红梅

岳麓书社出版发行
地址:湖南省长沙市爱民路 47 号
直销电话:0731-88804152　0731-88885616
邮编:410006

版次:2016 年 9 月第 1 版
印次:2022 年 6 月第 2 次印刷
开本:890mm×1240mm　1/32
印张:8.625
字数:195 千字
ISBN 978-7-5538-0657-0
定价:45.00 元

承印:北京虎彩文化传播有限公司

如有印装质量问题,请与本社印务部联系
电话:0731-88884129